インタラクティブで中国語
互动汉语初级

山本範子
邢　玉芝
森若裕子

朝日出版社

音声ダウンロード

 音声再生アプリ「リスニング・トレーナー」（無料）

朝日出版社開発のアプリ、「リスニング・トレーナー（リストレ）」を使えば、教科書の
音声をスマホ、タブレットに簡単にダウンロードできます。どうぞご活用ください。

まずは「リストレ」アプリをダウンロード

▶ App Store はこちら　　▶ Google Play はこちら

アプリ【リスニング・トレーナー】の使い方

❶ アプリを開き、「コンテンツを追加」をタップ
❷ QRコードをカメラで読み込む

❸ QRコードが読み取れない場合は、画面上部に 45404 を入力し「Done」をタップします

QRコードは㈱デンソーウェーブの登録商標です

Webストリーミング音声

http://text.asahipress.com/free/ch/245404

大山健太　　李莉　　林浩　　麦克

はじめに

　このテキストは初めて中国語を学ぶ人を対象に、週2回の授業により1年間で学び終えることを想定しています。第1～2課は発音、第3～12課は会話と文法を中心とした学習になっています。

　書名の「インタラクティブ」とは相互に作用するという意味であり、本テキストの特徴は教員と学習者、あるいは学習者同士がキャッチボールをするように会話しながら学んでいく構成にあります。ねらいは「使える中国語」を育てることです。

　第3課からの各課の組み立ては以下のようになっています。

①会話1	イラストに基づくスピーキング。	
②会話2	イラストに基づくスピーキング。	
③学習のポイント	基本文型を学んだ後、練習問題「ちょいとれ」で知識を定着させる。	
④会話3	場面に則した応用会話。	
⑤総合練習	リスニング、筆記練習問題と口頭発表。	
⑥補充練習	瞬訳トレーニングに必要な語句の確認、瞬訳トレーニング	

　このテキストは①～⑥の順序で学ぶほか、先に③④を学び、そのあとで①②を具体例として練習に当てることもできます。

　本書の出版に際し、朝日出版社の中西陸夫様と宇都宮佳子様に大変お世話になりました。また楊安娜先生と蔵田澄子先生には多大なるご協力をいただきました。心より感謝申し上げます。

著者

目次

1. 中国語とは何を指すのか？

　中国語とは中国で人口の約9割を占める漢民族の言語を指し、"汉语（漢語）"、"中文"、あるいは"华语（華語）"ともいう。"汉语"には「上海語」「広東語」など多くの方言があり、一般に「7大方言」に分けられる。方言の違いが大きいため、中華人民共和国成立後に共通語（中国語で"普通话"）が定められた。それは北京の発音を標準とし、「北方方言」の語彙をもとにして作られたものである。皆さんがこれから学ぶのはこの"普通话"である。

2. 中国語の文字

　中国語はすべて漢字で書き表される。現在、中国では画数を減らし簡略化された「簡体字」が使われている。一方、「繁体字」は旧字体のことで、台湾、香港などの地域では今も使われている。

3. 中国語の特徴

　中国語は音節（意味につながる発音の最小単位）、意味、文字がそれぞれ1対1の関係にある。

　「私は来る。」ということを中国語で言いたいとき、［私］と「来る」という2つの意味を表現する必要がある。言葉で言うと「●●」の2音節、文字で表すと"我来。"の2文字である。

　「私は来ない。」ということを中国語で言いたいとき、［私］と「来る」以外に否定（「～ない」）の意味を加えなければならない。言葉で言うと「●●●」の3音節、文字で表すと"我不来。"となる。

4. 中国語の発音表記

　"我来。"、"我不来。"のような文を見れば、漢字になじみ深い日本人なら理解できるだろう。さらに中国語で発音できれば完璧だ。中国の子供たちは、漢字を習得するとき、漢字にピンイン（中国式ローマ字）を付けた教材を使う。ピンインは振り仮名の役割である。

我 来。　　　我 不 来。
Wǒ lái.　　Wǒ bù lái.

　このようにピンインがつけば、漢字の発音がわかる。外国人が中国語を学習するときにも、ピンインを正確に発音できることが最初の一歩である。

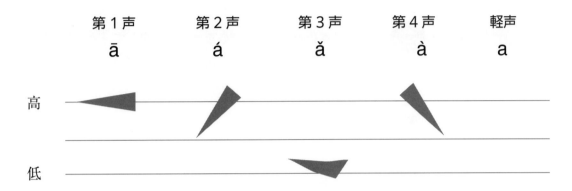

1 声調 🔊1

　ピンインはローマ字綴りと声調記号で表記される。"普通话"には4つの声調があり、"四声"とも言う。

第1声	第2声	第3声	第4声	軽声
ā	á	ǎ	à	a

第1声　高く平らに伸ばす。

第2声　一気に引き上げる。びっくりした時の「ええっ？」。

第3声　低く抑える。がっかりした時の「あーぁ」。

第4声　一気に下げる。カラスが「カァ」と鳴く感じ。

軽声　軽く短く、前の音節に添えるように発音する。声調記号はつけない。

妈	麻	马	骂
mā	má	mǎ	mà
猫	毛	卯	貌
māo	máo	mǎo	mào
喵	描	秒	妙
miāo	miáo	miǎo	miào
妈妈	爷爷	奶奶	爸爸
māma	yéye	nǎinai	bàba

a			日本語の「ア」より口を大きく開けて「アー」。
o			日本語の「オ」より唇を丸く突き出して「オー」。
e			唇は日本語の「エ」の形で力を抜き、舌を少しあげ、喉の奥から「オー」。
i (yi)			日本語の「イ」より唇をもっと左右にひいて「イー！」。
u (wu)			日本語の「ウ」より唇をすぼめて突き出し、喉の奥のほうから「ウー」。
ü (yu)			単母音uの唇の形のままで「イー」。
er			単母音eを発音しながら、舌を巻きあげる。

※（ ）内は子音がつかない場合のつづり方。

発音しましょう。 🔊3

ā	á	ǎ	à		ō	ó	ǒ	ò
ē	é	ě	è		yī	yí	yǐ	yì
wū	wú	wǔ	wù		yū	yú	yǔ	yù
ēr	ér	ěr	èr				

3 複母音　単母音が二つ以上連なっているもの。3つタイプがある。　🔊4

二重母音 ＞型	ai	ei	ao	ou	
二重母音 ＜型	ia (ya)	ie (ye)	ua (wa)	uo (wo)	üe (yue)
三重母音 ◇型	uai (wai)	uei (wei)	iao (yao)	iou (you)	

※（　）は前に子音がない時のつづり方　i → y　u → w　ü → yu

発音しましょう。　🔊5

āi	ái	ǎi	ài	ēi	éi	ěi	èi
āo	áo	ǎo	ào	ōu	óu	ǒu	òu
yā	yá	yǎ	yà	yē	yé	yě	yè
wā	wá	wǎ	wà	wō	wó	wǒ	wò
yuē	yué	yuě	yuè	wāi	wái	wǎi	wài
wēi	wéi	wěi	wèi	yāo	yáo	yǎo	yào
yōu	yóu	yǒu	yòu				

✎ ちょいとれ　発音を聞き、母音を書きましょう。　🔊6

① 　　　　② 　　　　③ 　　　　④ 　　　　⑤

⑥ 　　　　⑦ 　　　　⑧ 　　　　⑨ 　　　　⑩

⑪ 　　　　⑫ 　　　　⑬ 　　　　⑭ 　　　　⑮

4 子音 🔊7

	無気音	有気音	鼻音	摩擦音	有声音	側面音
唇音	b(o)	p(o)	m(o)	f(o)		
舌尖音	d(e)	t(e)	n(e)			l(e)
舌根音	g(e)	k(e)		h(e)		
舌面音	j(i)	q(i)		x(i)		
そり舌音	zh(i)	ch(i)		sh(i)	r(i)	
舌歯音	z(i)	c(i)		s(i)		

※子音だけでは発音できないため、（　　）内の母音をつけて練習する。

⑴無気音と有気音

無気音：息を押し殺して発音する。

有気音：強い息を出しながら発音する。

発音しましょう。 🔊8

bā 八 － pā 趴	bó 伯 - pó 婆	bǎo 饱 - pǎo 跑	bèi 背 - pèi 配
duō 多 - tuō 脱	dú 毒 － tú 图	dǎ 打 - tǎ 塔	dòu 豆 - tòu 透
guā 瓜 - kuā 夸	gé 革 - ké 咳	gǒu 狗 - kǒu 口	guài 怪 - kuài 快
jū 居 - qū 区	jí 急 - qí 骑	jiǎo 饺 - qiǎo 巧	jiào 叫 - qiào 俏
zhī 知 - chī 吃	zhá 炸 - chá 查	zhǎo 找 - chǎo 炒	zhòu 宙 - chòu 臭
zū 租 - cū 粗	zuó 昨 - cuó 矬	zǐ 子 - cǐ 此	zài 在 - cài 菜

⑵異なる3つの"i"の発音

1) ji qi xi 「i」口角を横に引いて「イ」。

2) zhi chi shi ［ʅ］単独に発音しない。そり舌音の後につく"i"。

3) zi ci si ［ɿ］単独に発音しない。舌歯音の後につく"i"。

発音されたほうにチェックを入れましょう。 🔊 9

① xī — sī
② zì — zù
③ qī — chī
④ qù — qì
⑤ cī — cū
⑥ chā — chē
⑦ dōu — duō
⑧ hū — hē
⑨ lòu — ròu
⑩ dùzi（肚子）— tùzi（兔子）
⑪ zīshì（姿势）— zhīshi（知识）
⑫ sìjì（四季）— shìjì（世纪）
⑬ jìsì（祭祀）— qìshì（气势）
⑭ jièshí（届时）— qièshí（切实）
⑮ duōxiè（多谢）— tuōxiè（脱卸）

【声調記号のつけ方の歌】

a があれば逃さずに、　　　　　　　　māo　jiào

a がなければ e か o をさがし、　　　gǒu　xiè

i, u が並べば後ろに付けて、　　　　　jiǔ　duì

母音一つは迷わずに。　　　　　　　　xī　bù

※ i につける場合は、i の上の点をとる。　yī　yí　yǐ　yì

【ピンインのつづり方ルール】

① "j"、"q"、"x" の後に "ü" が続く場合、"ü" の上の "¨"（ウムラウト）を省略する。

　j + ü ⇒ ju（jū 居）　　　q + ü ⇒ qu（qù 去）　　　x + üe ⇒ xue（xuě 雪）

② "iou"、"uei" の前に子音がつく場合、"o"、"e" を省略する。

　j + iou ⇒ jiu（jiǔ 酒）　　　　　　　g + uei ⇒ gui（guì 贵）

発音しましょう。 🔊 10

① bā （八）
② pǎo （跑）
③ méi （没）
④ fā （发）
⑤ dōu （都）
⑥ tú （图）
⑦ nǎ （哪）
⑧ lóu （楼）
⑨ gěi （给）
⑩ kè （课）
⑪ hē （喝）
⑫ jiǔ （酒）
⑬ qī （七）
⑭ xué （学）
⑮ zhōu （周）
⑯ chá （茶）
⑰ shū （书）
⑱ rì （日）
⑲ zǎo （早）
⑳ cài （菜）

 発音を聞いて、声調記号をつけましょう。 🔊 11

① mao（猫）
② gou（狗）
③ niao（鸟）
④ xiong（熊）
⑤ zhu（猪）
⑥ niu（牛）
⑦ ji（鸡）
⑧ yu（鱼）

1 鼻母音 🔊 12

an	en	ang	eng	ong
ian (yan)	in (yin)	iang (yang)	ing (ying)	iong (yong)
uan (wan)	uen (wen)	uang (wang)	ueng (weng)	
üan (yuan)	ün (yun)			

※（　）は前に子音がない時のつづり方　i → y　u → w　ü → yu

① 前鼻音 "-n"　　　舌を上の歯茎の裏につける。

② 後鼻音 "-ng"　　口を開けたまま、舌の奥の方に力を入れて音を鼻にぬく。

③ ian（yan）　　　a は「エ」と発音する。

④ uen　　　　　　子音が付く時は "-un" と表記。(kùn 困)

発音しましょう。 🔊 13

① bān（班） bāng（帮）　② qián（钱） qiáng（墙）　③ guǎn（馆） guǎng（广）

④ fēn（分） fēng（风）　⑤ qín（琴） qíng（情）　⑥ wèn（问） wèng（瓮）

ちょいとれ 🖋 　発音されたほうにチェックを入れましょう。 🔊 14

① bàn — bàng　　② fēn — fēng　　③ yán — yáng

④ jiān — jiāng　　⑤ hóng — héng　　⑥ wèn — wèng

⑦ pín — píng　　⑧ gēn — gēng　　⑨ qún — qióng

2 声調変化 🔊 15

① 第3声の変調

第3声＋第3声 ⇒（発音は）第2声＋第3声

nǐ hǎo（你好）⇒ ní hǎo　　　　　　　　　　　　　　　　　　　　　　※声調表記は第3声のまま。

② "不 bù" の変調

第4声が後に来ると、第2声に変る。　　　　　　　　　　　　　　　　※声調表記も変わる。

bù'ān（不安）　　bùfú（不服）　　bùmǎn（不満）　　búbiàn（不便）

③ "一 yī" の変調

一 yì ＋ 第1声・第2声・第3声　　　　　　　　　　　　　　　　　　　　※声調表記も変わる。

一 yí ＋ 第4声

yìbān（一般）　　yì nián（一年）　　yìbǎi（一百）　　yíyàng（一様）

▶ "一 yī" は順番を表す場合と単語の末尾に来るときは本来の第1声。

一月 yī yuè　　第一次 dì yī cì　　同一 tóngyī　　统一 tǒngyī

3 r化 🔊 16

音節の末尾にrをつけ、舌先をそり上げて発音する。

花儿 huār　　小猫儿 xiǎomāor　　表記通りの発音

玩儿 wánr　　小孩儿 xiǎoháir　　発音から -n、-i 脱落

空儿 kòngr　　电影儿 diànyǐngr　　ng 脱落、母音が鼻音化

発音しましょう。 🔊 17

① shǒubiǎo（手表）　② shuǐguǒ（水果）　③ huàhuàr（画画儿）　④ yìdiǎnr（一点儿）

⑤ bù duō（不多）　⑥ bù máng（不忙）　⑦ bù hǎo（不好）　⑧ bú zài（不在）

⑨ yì tiān（一天）　⑩ yì nián（一年）　⑪ yìqǐ（一起）　⑫ yíwàn（一万）

4 数字を覚えましょう。 🔊 18

零	一	二	三	四	五	六	七	八	九	十
líng	yī	èr	sān	sì	wǔ	liù	qī	bā	jiǔ	shí

十一	十二……	二十	二十一	二十二……	九十九
shíyī	shí'èr……	èrshí	èrshiyī	èrshi'èr……	jiǔshijiǔ

几月几号： 　一月一号　 二月十四号　 十二月二十五号 🔊 19
jǐ yuè jǐ hào　 yī yuè yī hào　 èr yuè shísì hào　 shí'èr yuè èrshiwǔ hào

星期几：	星期一	星期二	星期三	星期四	星期五	星期六	星期日 / 星期天
xīngqī jǐ	xīngqīyī	xīngqī'èr	xīngqīsān	xīngqīsì	xīngqīwǔ	xīngqīliù	xīngqīrì/xīngqītiān

今天 几 月 几 号, 星期 几? 　　—— 今天 四 月 二十九 号, 星期一。
Jīntiān jǐ yuè jǐ hào, xīngqī jǐ? 　　　Jīntiān sì yuè èrshijiǔ hào, xīngqīyī.

你 的 生日 几月几号? 　　—— 我 的 生日 十一 月 三 号。
Nǐ de shēngrì jǐ yuè jǐ hào? 　　　Wǒ de shēngrì shíyī yuè sān hào.

今年 二 〇 二 四 年。
Jīnnián èr líng èr sì nián.

一岁	两岁	十岁	十一岁	十二岁	二十岁	一百岁
yí suì	liǎng suì	shí suì	shíyī suì	shí'èr suì	èrshí suì	yìbǎi suì

你 多大? 　　　　　　　　　　（あなたは何歳ですか。）
Nǐ duōdà?

　—— 我 十八 岁。　　　　　（私は十八歳です。）
　　　Wǒ shíbā suì.

発音してみましょう。 🔊 20

	第1声	第2声	第3声	第4声	軽声
第1声	医生 yīshēng	中国 Zhōngguó	香港 Xiānggǎng	医院 yīyuàn	休息 xiūxi
第2声	熊猫 xióngmāo	食堂 shítáng	游泳 yóuyǒng	学校 xuéxiào	学生 xuésheng
第3声	手机 shǒujī	美国 Měiguó	水果 shuǐguǒ	炒饭 chǎofàn	姐姐 jiějie
第4声	面包 miànbāo	大学 dàxué	日本 Rìběn	电视 diànshì	爸爸 bàba

 音声を聞いて、地名に声調記号をつけ、さらに①〜⑤は地図に表記しましょう。🔊 21

① Beijing （北京）

② Shanghai （上海）

③ Xi'an （西安）

④ Tianjin （天津）

⑤ Xianggang （香港）

⑥ Dongjing （东京）

⑦ Hengbin （横滨）

⑧ Daban （大阪）

⑨ Jingdu （京都）

⑩ Zhahuang （札幌）

⑪ Meiguo （美国）

⑫ Yuenan （越南）

⑬ Yidali （意大利）

⑭ Aodaliya （澳大利亚）

⑮ Yindunixiya （印度尼西亚）

你 好!　　　　こんにちは。
Nǐ hǎo!

您 好!　　　　こんにちは。（目上の人に）
Nín hǎo!

　　　　　　　　谢谢。　　　　ありがとうございます。
　　　　　　　　Xièxie.

　　　　　　　　不 客气。　　どういたしまして。
　　　　　　　　Bú kèqi.

对不起。　　　すみません。
Duìbuqǐ.

没 关系。　　　大丈夫です。／かまいません。
Méi guānxi.

　　　　　　　　再见!　　　　さようなら。
　　　　　　　　Zàijiàn!

　　　　　　　　下星期 见!　　また来週。
　　　　　　　　Xiàxīngqī jiàn!

同学们 好!　　（学生に対して）皆さんこんにちは！
Tóngxuémen hǎo!

老师 好!　　　先生こんにちは！
Lǎoshī hǎo!

　　　　　　　　开始 上课。　　授業を始めます。
　　　　　　　　Kāishǐ shàngkè.

　　　　　　　　请 打开 书。　本を開いてください。
　　　　　　　　Qǐng dǎkāi shū.

请 看 第 十七 页。　17 ページを開いてください。
Qǐng kàn dì shíqī yè.

请 跟 我 读。　私について読んでください。
Qǐng gēn wǒ dú.

　　　　　　　　下课!　　　　授業を終わります。
　　　　　　　　Xiàkè!

春暁　　　　孟浩然
Chūnxiǎo　　　Mèng Hàorán

春	眠	不	觉	晓	春眠 暁を覚えず
Chūn	mián	bù	jué	xiǎo	

处	处	闻	啼	鸟	処々啼鳥を聞く
Chù	chù	wén	tí	niǎo	

夜	来	风	雨	声	夜来風雨の声
Yè	lái	fēng	yǔ	shēng	

花	落	知	多	少	花落つること知んぬ多少ぞ
Huā	luò	zhī	duō	shǎo	

孟浩然（689-740）

　盛唐の詩人。自然を詠じた詩に優れ、山水詩人の代表と言われている。社会的には科挙に及第せず、不遇な一生をおくったが、同時代の王維、李白、杜甫らから敬愛されていた。

品詞略号一覧

名 名詞	代 代詞	数 数詞	量 量詞
形 形容詞	副 副詞	動 動詞	助動 助動詞
前 前置詞	助 助詞	接 接続詞	感 感嘆詞

第3课　我是日本人，我是大学生。

会話 1

🔊 26

李莉：你是哪国人？　　Nǐ shì nǎ guó rén?

大山：我是日本人。　　Wǒ shì Rìběnrén.

李莉：他是中国人吗？　　Tā shì Zhōngguórén ma?

大山：不，他不是中国人，他是泰国人。　　Bù, tā bú shì Zhōngguórén, tā shì Tàiguórén.

絵を見て話そう　国籍

🔊 27

①

日本人
Rìběnrén

②

中国人
Zhōngguórén

③

韩国人
Hánguórén

④

新加坡人
Xīnjiāpōrén

⑤

泰国人
Tàiguórén

⑥

美国人
Měiguórén

⑦

英国人
Yīngguórén

⑧

法国人
Fǎguórén

独話　国籍を言う。　🔊 28

例　他（她）是 日本人 。　　Tā shì Rìběnrén.

対話　国籍を尋ねる、答える。[二人一組]

〈1〉例　A：他是 哪国人 ?　　Tā shì nǎ guó rén?

B：他是 韩国人 。　　Tā shì Hánguórén.

〈2〉例　A：他是 美国人 吗?　　Tā shì Měiguórén ma?

B：是，他是 美国人 。　　Shì, tā shì Měiguórén.

[B：不，他不是 美国人 ，　　Bù, tā bú shì Měiguórén,

他是 英国人 。]　　tā shì Yīngguórén.

新出語句　🔊 25

你 nǐ 代 あなた　是 shì 動 ～である　哪国人 nǎ guó rén どの国の人　我 wǒ 代 私

他 tā 代 彼　她 tā 代 彼女　吗 ma 助 ～か？　不 bù 副 ～ではない、～しない

会話 2

◀)) 29

李莉：你是大学生吗？ Nǐ shì dàxuéshēng ma?

大山：是，我是大学生。 Shì, wǒ shì dàxuéshēng.

李莉：她是老师吗？ Tā shì lǎoshī ma?

大山：不，她不是老师，她是职员。 Bù, tā bú shì lǎoshī, tā shì zhíyuán.

絵 を見て話そう　職業 ◀)) 30

①

学生
xuésheng

②

老师
lǎoshī

③

公司职员
gōngsī zhíyuán

④

公务员
gōngwùyuán

⑤

司机
sījī

⑥

厨师
chúshī

⑦

医生
yīshēng

⑧

护士
hùshi

独話　職業を言う。 ◀)) 31

例　他（她）是 学生 。 Tā shì xuésheng.

対話　職業を尋ねる、答える。[二人一組]

例　A：他是 公司职员 吗？ Tā shì gōngsī zhíyuán ma?

B：是，他是 公司职员 。 Shì, tā shì gōngsī zhíyuán.

[B：不，他不是 公司职员 ， Bù, tā bú shì gōngsī zhíyuán,

他是 医生 。] tā shì yīshēng.

新出語句

大学生 dàxuéshēng 名 大学生　　职员 zhíyuán 名 職員

※「絵を見て話そう」の語句の日本語訳は巻末の語句索引に収録しています。

第 3 课

Point 学習のポイント

1 人称代名詞 🔊 32

	1人称 （私　私たち）	2人称 （あなた　あなたたち）	3人称 （彼／彼女　彼ら／彼女ら）	疑問詞 （誰）
単数	我 wǒ	你／您 nǐ / nín	他／她 tā / tā	谁 shéi
複数	我们／咱们 wǒmen / zánmen	你们 nǐmen	他们／她们 tāmen / tāmen	

▶"您" は "你" の敬語。複数は "你们" のみ。　▶"咱们" は聞き手を含む「私たち」。

2 動詞 "是" 「～は…である」 🔊 33

> 主語 + (副詞) + "是" + 名詞

肯定文　我 是 学生。　　　　　　他 也 是 学生。　　　　　　我们 都 是 学生。
　　　　Wǒ shì xuésheng.　　　　Tā yě shì xuésheng.　　　　Wǒmen dōu shì xuésheng.

否定文　他 不 是 老师。
　　　　Tā bú shì lǎoshī.

疑問文　你 是 留学生 吗?
　　　　Nǐ shì liúxuéshēng ma?

ちょいとれ ✏ 次の中国語を疑問文と否定文に書き換えましょう。

他是日本人。　疑問文 _____

　　　　　　　否定文 _____

3 疑問詞疑問文（1）　▶文末に "吗" をつけない。

你 是 哪 国 人?　　　　　　　　　　　—— 我 是 日本人。
Nǐ shì nǎ guó rén?　　　　　　　　　　Wǒ shì Rìběnrén.

她 是 谁?　　　　　　　　　　　　　　—— 她 是 李老师。
Tā shì shéi?　　　　　　　　　　　　　Tā shì Lǐ lǎoshī.

你 叫 什么 名字?　　　　　　　　　　—— 我 叫 李莉。
Nǐ jiào shénme míngzi?　　　　　　　　Wǒ jiào Lǐ Lì.

　　　　　　　　　　　　　　　　　　▶フルネームをいう時は "叫"。

新出語句

也 yě 副 ～も　　都 dōu 副 みな　　留学生 liúxuéshēng 名 留学生　　叫 jiào 動 ～という
什么 shénme 代 何の、何　　名字 míngzi 名 名前

＊苗字の尋ね方と答え方

您 贵姓?　　　　　　　　　　　　── 我 姓 李。　　▶苗字をいう時は "姓"。
Nín guìxìng?　　　　　　　　　　Wǒ xìng Lǐ.

他 姓 什么?　　　　　　　　　　── 他 姓 张。
Tā xìng shénme?　　　　　　　　Tā xìng Zhāng.

国籍・フルネーム・苗字を尋ね、（　　）の内容で答えましょう。

1)　［国籍］ _____ ?　　─（日本人）_____

2)　［フルネーム］ _____ ?　　─（自分の名前）_____

3)　［苗字］ _____ ?　　─（自分の苗字）_____

4 　副詞の位置

▶副詞は動詞や形容詞の前に置く。

我 是 学生，你 也 是 学生 吗?　　── 对，我 也 是 学生。
Wǒ shì xuésheng, nǐ yě shì xuésheng ma?　　Duì, wǒ yě shì xuésheng.

我们 都 是 中国人。　　　　　　　── 他们 也 都 是 中国人。
Wǒmen dōu shì Zhōngguórén.　　Tāmen yě dōu shì Zhōngguórén.

5 　省略疑問文

我 是 日本人，你 呢?　　　　　　── 我 是 中国人。
Wǒ shì Rìběnrén, nǐ ne?　　　　Wǒ shì Zhōngguórén.

日本語の意味にあうように、（　　）に適切な副詞を入れましょう。

1)　私達はみな日本人です。　　　　　　彼らもみな日本人です。
　　我们（　　　）是日本人。　　　　他们（　　　）（　　　）是日本人。
　　Wǒmen（　　　）shì Rìběnrén.　　Tāmen（　　　）（　　　）shì Rìběnrén.

2)　私は先生ではありません。　　　　　彼女も先生ではありません。
　　我（　　　）是老师。　　　　　　她（　　　）（　　　）是老师。
　　Wǒ（　　　）shì lǎoshī.　　　　Tā（　　　）（　　　）shì lǎoshī.

新 出 語 句

贵姓 guìxìng　苗字は何とおっしゃいますか　　姓 xìng 動 苗字は～という
对 duì 形 正しい、合っている　　呢 ne 助 ～は?

林浩： **你好！**
Nǐ hǎo!

李莉： **你好！**
Nǐ hǎo!

林浩： **我 叫 林浩。你 叫 什么 名字？**
Wǒ jiào Lín Hào. Nǐ jiào shénme míngzi?

李莉： **我 姓 李，叫 李莉。我 是 中国人，你 呢？**
Wǒ xìng Lǐ, jiào Lǐ Lì. Wǒ shì Zhōngguórén, nǐ ne?

林浩： **我 是 日本人。**
Wǒ shì Rìběnrén.

李莉： **他们 也 是 日本人 吗？**
Tāmen yě shì Rìběnrén ma?

林浩： **对，他们 也 是 日本人。**
Duì, tāmen yě shì Rìběnrén.

李莉： **你们 都 是 大学生 吗？**
Nǐmen dōu shì dàxuéshēng ma?

林浩： **是，我们 都 是 北斗星学园大学 的 学生。你 呢？**
Shì, wǒmen dōu shì Běidǒuxīng xuéyuán dàxué de xuésheng. Nǐ ne?

李莉： **我 是 留学生。请 多 关照。**
Wǒ shì liúxuéshēng. Qǐng duō guānzhào.

林浩： **也 请 你 多 关照。**
Yě qǐng nǐ duō guānzhào.

新 出 語 句

你好 nǐ hǎo こんにちは 的 de 助 ～の 请多关照 qǐng duō guānzhào よろしくお願いします

◀))35

1 リスニング 音声を聞き、登場人物4人の氏名、国籍、職業を [ ] から選びましょう。

	氏名	国籍	職業
1			
2			
3			
4			

氏名 [王小明 / 王大伟　　大林浩一 / 林浩　　麦克 / 马克龙　　李莉 / 张静]

国籍 [美国　　　中国　　　日本　　　意大利　　　法国　　　新加坡]

職業 [老师　　　护士　　　司机　　　公司职员　　　厨师　　　大学生]

2 下線部を問う疑問文を作りましょう。

1) 他是<u>德国</u>人。　　（　　　　　　　　　　　　　　　　　　　　　　　　　　　）

2) <u>王小明</u>是公司职员。（　　　　　　　　　　　　　　　　　　　　　　　　　　　）

3) 他叫<u>王大伟</u>。　　（　　　　　　　　　　　　　　　　　　　　　　　　　　　）

4) 我姓<u>张</u>。　　　　（　　　　　　　　　　　　　　　　　　　　　　　　　　　）

3 李莉は中国人留学生です。彼女に関する質問を中訳し、さらに中国語で答えましょう。

1) 彼女は誰ですか。　　　　　　　　　　　　　　—

　　　_____　　_____

2) 彼女はどの国の方ですか。　　　　　　　　　　—

　　　_____　　_____

3) 彼女は留学生ですか。　　　　　　　　　　　　—

　　　_____　　_____

4 口頭発表 自己紹介をしてみましょう。　　　　　　　　　　　　◀))36

例　◎同学们好！　　　　　　　　　　　　　　　　—— 你好！
　　Tóngxuémen hǎo!　　　　　　　　　　　　　　　Nǐ hǎo!

　　◎我姓 林 ，叫 林浩 。我是 日本人 。
　　Wǒ xìng Lín, jiào Lín Hào. Wǒ shì Rìběnrén.

　　◎我是 北斗星学园大学 的学生。请多关照！　　—— 请多关照！
　　Wǒ shì Běidǒuxīng xuéyuán dàxué de xuésheng. Qǐng duō guānzhào!　Qǐng duō guānzhào!

補 充 練 習

対応する中国語の簡体字とピンインを書きましょう。　◀)) 37

	日本語	中国語	ピンイン
1	どの国の人		
2	中国人		
3	日本人		
4	韓国人		
5	アメリカ人		
6	イギリス人		
7	フランス人		
8	学生		
9	大学生		
10	留学生		
11	先生		
12	看護師		
13	医者		
14	会社員		
15	料理人		
16	運転手		
17	～である		
18	～も～である		
19	～みな～である		
20	名前		
21	～という（名前）		
22	～という（姓)		
23	どうぞよろしく		

瞬訳トレーニング

	日本語	中国語
1	あなたはどの国の方ですか。	
2	私は日本人です。	
3	彼も日本人です。	
4	私たちはみんな日本人です。	
5	彼女は中国人ですか。	
6	いいえ、彼女は韓国人です。	
7	あなたたちはアメリカ人ではないですか。	
8	私たちはみんなフランス人です。	
9	私は医者ではなく、看護師です。	
10	あなたは運転手ですか。	
11	いいえ、私はコックです。	
12	あなたは留学生ですか。	
13	そうです。私は中国人留学生です。	
14	あなたも大学生ですか。	
15	いいえ、私は会社員です。	
16	お名前は何とおっしゃいますか。	
17	私は李と申します。	
18	私は李莉と申します。	
19	どうぞよろしくお願いします。	

 しゃんべんのつぶやき 　　"三好学生" sān hǎo xuésheng

中国では優れた生徒を「三好学生」と呼んで表彰します。三つの良いことって何だと思いますか？ 「学習好」「身体好」「思想好」勉強、運動（健康）はわかりますが、最後の「思想」って？ 道徳を意味しています。中国の学校では道徳観念も重視されるのですね。

第4课 这是他的手机，这个手机很新。

会話 1 🔊 40

李莉：这是什么？　　　　　　　Zhè shì shénme?

林浩：这是手机。　　　　　　　Zhè shì shǒujī.

李莉：这是你的手机吗？　　　　Zhè shì nǐ de shǒujī ma?

林浩：不，这是他的。　　　　　Bù, zhè shì tā de.

絵 を見て話そう　持ち物 🔊 41

①
眼镜
yǎnjìng

②
手机
shǒujī

③
手表
shǒubiǎo

④
钱包
qiánbāo

⑤
书包
shūbāo

⑥
笔袋
bǐdài

⑦
铅笔
qiānbǐ

⑧
橡皮
xiàngpí

独話　物の名称を言う。 🔊 42

例　这是 眼镜 。　　　　　　　Zhè shì yǎnjìng.

対話　物の名称と所有者を尋ねる、答える。[二人一組]

〈1〉例　A：这是什么？
　　　　　Zhè shì shénme?

　　　B：这是 眼镜 。
　　　　　Zhè shì yǎnjìng.

　　　A：这是谁的？
　　　　　Zhè shì shéi de?

　　　B：这是 我(你)的 。
　　　　　Zhè shì wǒ (nǐ) de.

〈2〉例　A：这是什么？
　　　　　Zhè shì shénme?

　　　B：这是 眼镜 。
　　　　　Zhè shì yǎnjìng.

　　　A：这是你的吗？
　　　　　Zhè shì nǐ de ma?

　　　B：对，这是我的。／不，这是你的。
　　　　　Duì, zhè shì wǒ de. ／ Bù, zhè shì nǐ de.

新 出 語 句 🔊 39

这 zhè 代 これ

会話 2　🔊 43

麦克：你看，这个钱包怎么样？　　　Nǐ kàn, zhège qiánbāo zěnmeyàng?

李莉：这个钱包很高级，是你的吗？　Zhège qiánbāo hěn gāojí, shì nǐ de ma?

麦克：是的。　　　　　　　　　　　Shì de.

絵 を見て話そう　**持ち物と様子**　🔊 44

①
书包 / 重
shūbāo/zhòng

②
钱包 / 高级
qiánbāo/gāojí

③
手表 / 贵
shǒubiǎo/guì

④
手机 / 新
shǒujī/xīn

⑤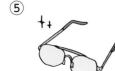
眼镜 / 酷
yǎnjìng/kù

⑥
笔袋 / 脏
bǐdài/zāng

⑦
铅笔 / 短
qiānbǐ/duǎn

⑧
橡皮 / 可爱
xiàngpí/kě'ài

独話　物の様子を言う。　🔊 45

例　这个 书包 很 重 。　　　Zhège shūbāo hěn zhòng.

対話　物の名称と所有者を尋ねる、答える。[二人一組]

例　A：你看，这个 书包 怎么样？　Nǐ kàn, zhège shūbāo zěnmeyàng?

　　B：这个 书包 很 重 ，是你的吗？　Zhège shūbāo hěn zhòng, shì nǐ de ma?

　　A：是的。　　　　　　　　　　Shì de.

新出語句

看 kàn 動 見る　这个 zhège 代 この　怎么样 zěnmeyàng 代 どう
很 hěn 副 とても　是的 shì de そうです

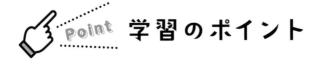
1 指示代名詞 🔊 46

	近称	遠称	疑問
単数	这 （这个）これ zhè　zhège	那 （那个）それ、あれ nà　　nàge	哪 （哪个）どれ nǎ　　nǎge
複数	这些 これら zhèxiē	那些 それら、あれら nàxiē	哪些 どれ nǎxiē
場所	这儿　这里 ここ zhèr　　zhèli	那儿　那里 そこ、あそこ nàr　　nàli	哪儿　哪里 どこ nǎr　　nǎli

▶ 口語では "这 zhè 那 nà 哪 nǎ" はよく "这 zhèi 那 nèi 哪 něi" となる。

▶ 哪里 nǎli は「二声＋軽声」で発音される。

2 助詞 "〜的"　　人称代名詞 / 名詞＋"的"＋名詞　　「〜の…」 🔊 47

[所有・所属]　　我 的 手机　　老师 的 书
　　　　　　　wǒ de shǒujī　　lǎoshī de shū

▶ "〜的" を省略できる場合

[人称代名詞＋家族（親しい関係の人）]　　我 哥哥　　我 朋友
　　　　　　　　　　　　　　　　　　wǒ gēge　　wǒ péngyou

[人称代名詞＋所属団体]　　你 家　　我们 大学
　　　　　　　　　　　　nǐ jiā　　wǒmen dàxué

3 疑問詞疑問文（2）

这 是 什么 课本?　　　　　　　 —— 这 是 汉语 课本。
Zhè shì shénme kèběn?　　　　　　Zhè shì Hànyǔ kèběn.

那 是 谁 的 书包?　　　　　　　 —— 那 是 我 同学 的 书包。
Nà shì shéi de shūbāo?　　　　　　Nà shì wǒ tóngxué de shūbāo.

ちょいとれ 🖊 日本語の意味にあうように、（ ）に適切な語を入れましょう。

1) これはあなたの携帯電話ですか。　 —— これは私の携帯電話ではありません。

（　　）是（　　　　）手机吗?　　 这（　　　　）我的手机。
（　　）shì（　　　）shǒujī ma?　　 Zhè（　　　　）wǒ de shǒujī.

新出語句

书 shū 图名 本　　哥哥 gēge 图名 兄　　朋友 péngyou 图名 友達　　家 jiā 图名 家　　大学 dàxué 图名 大学

汉语 Hànyǔ 图名 中国語　　课本 kèběn 图名 教科書　　同学 tóngxué 图名 同級生

2) これらは私の兄の本ではありません。あれらが私の兄のです。

（　　）不是（　　　　　　）书。（　　　　　）是（　　　　　　　）。

（　　）bú shì（　　　　　　）shū.（　　　　　）shì（　　　　　　　）.

3) あれは誰の教科書ですか。 —— あれは私の同級生の教科書です。

（　　）是（　　　　）课本?　　　（　　）是（　　　　　　　）课本。

（　　）shì（　　　　）kèběn?　　　（　　）shì（　　　　　　　）kèběn.

4 形容詞述語文

主語 + 副詞 + 形容詞

汉语 很 难。
Hànyǔ hěn nán.

▶肯定文では通常、程度を表す副詞 "很" などが必要。

日语 难 吗?
Rìyǔ nán ma?

—— 日语 不 难。
Rìyǔ bù nán.

▶よく使われる程度を表す副詞

很 （とても）	非常 （非常に）	真 （本当に）	太 （あまりにも）
hěn	fēicháng	zhēn	tài

5 反復疑問文

你 忙 不 忙 ?
Nǐ máng bu máng?

—— 我 太 忙 了 !
Wǒ tài máng le!

他 是 不 是 中国人 ?
Tā shì bu shì Zhōngguórén?

—— 不 , 他 是 日本人。
Bù, tā shì Rìběnrén.

ちょいとれ 🖊 日本語の意味にあうように、（　）に適切な語を入れましょう。

1) 中国語は難しいですか。 —— 中国語は難しくありません。

汉语 难 （　　　　）?　　　　汉语 （　　　　） 难。

Hànyǔ nán （　　　　）?　　　Hànyǔ （　　　　） nán.

2) あなたは疲れていますか。 —— 私は疲れています。

你累 （　　　） 累?　　　　我 （　　　） 累。

Nǐ lèi （　　　） lèi?　　　　Wǒ （　　　） lèi.

新 出 語 句

难 nán 形 難しい　　日语 Rìyǔ 名 日本語　　非常 fēicháng 副 非常に　　真 zhēn 副 本当に

忙 máng 形 忙しい　　太〜了 tài〜le あまりにも〜　　累 lèi 形 疲れている

林浩：**好久 不见，你 好 吗?**
Hǎojiǔ bú jiàn, nǐ hǎo ma?

李莉：**谢谢，我 很 好。你 呢?**
Xièxie, wǒ hěn hǎo. Nǐ ne?

林浩：**我 不 太 好。**
Wǒ bú tài hǎo.

李莉：**你 怎么 了?**
Nǐ zěnme le?

林浩：**我 很 累。**
Wǒ hěn lèi.

李莉：**学习 太 忙 了 吧?**
Xuéxí tài máng le ba?

林浩：**是的。**
Shì de.

李莉：**这 是 你 的 课本 吗?**
Zhè shì nǐ de kèběn ma?

林浩：**是。这 是 我 的 汉语 课本。**
Shì. Zhè shì wǒ de Hànyǔ kèběn.

李莉：**汉语 难 不 难?**
Hànyǔ nán bu nán?

林浩：**语法 不 太 难，发音 非常 难。**
Yǔfǎ bú tài nán, fāyīn fēicháng nán.

新 出 語 句

好久不见 hǎojiǔ bú jiàn お久しぶりです 　好 hǎo 形 よい、元気
不太～ bú tài あまり～ではない 　怎么了 zěnme le どうしたのですか 　学习 xuéxí 名 勉強
吧 ba 助 ～でしょう（推量） 　语法 yǔfǎ 名 文法 　发音 fāyīn 名 発音

1 リスニング 音声を聞き、絵を参考にして、次の表を埋めましょう。

所有者	持ち物	特徴
大山健太		
李莉		
林浩		
麦克		

2 下線部を問う疑問文を作りましょう。

1) 这是课本。 (　　　　　　　　　　　　　　　　　　　　　　)

2) 这是汉语课本。 (　　　　　　　　　　　　　　　　　　　　　　)

3) 那是李莉的笔袋。 (　　　　　　　　　　　　　　　　　　　　　　)

4) 汉语不难。 (　　　　　　　　　　　　　　　　　　　　　　)

3 口頭発表 持ち物自慢をしてみましょう。 ◀)) 50

例 ◎ 同学们 好。 —— 你好!
　　Tóngxuémen hǎo. 　　Nǐ hǎo!

◎ 我姓 林 , 叫 林浩 。
　 Wǒ xìng Lín, jiào Lín Hào.

◎ 你们看, 我的 手机 怎么样? 很 高级 吧?
　 Nǐmen kàn, wǒ de shǒujī zěnmeyàng? Hěn gāojí ba?

　　　　　　　　　　　　　　　　　—— 是的, 你的 手机 很 高级 。
　　　　　　　　　　　　　　　　　　 Shì de, nǐ de shǒujī hěn gāojí.

第 4 课

補充練習

対応する中国語の簡体字とピンインを書きましょう。　🔊 51

	日本語	中国語	ピンイン
1	携帯電話		
2	眼鏡		
3	腕時計		
4	財布		
5	カバン		
6	鉛筆		
7	消しゴム		
8	高級		
9	可愛い		
10	忙しい		
11	難しい		
12	（値段が）高い		
13	だれの		
14	同級生		
15	兄		
16	どうですか？		
17	どうしたの？		
18	とても		
19	非常に		
20	あまり～ではない		
21	あまりにも～		
22	勉強		
23	文法		
24	発音		
25	中国語		
26	お久しぶりです		

瞬訳トレーニング

	日本語	中国語
1	これは何ですか。	
2	これは携帯です。	
3	これはあなたの携帯ですか。	
4	これは彼のです。	
5	これはあなたの眼鏡ですか。	
6	いいえ、これは私の同級生のです。	
7	これは誰のカバンですか。	
8	これは私の兄のカバンです。	
9	見てください、この財布はどうですか。	
10	この財布は高級です。あなたのですか。	
11	この腕時計はどうですか。	
12	この腕時計は高いです。	
13	彼女の消しゴムはとても可愛いです。	
14	お久しぶりです。お元気ですか。	
15	元気です。あなたは？	
16	私も元気です。	
17	あなたはどうしたの？	
18	勉強があまりにも忙しいです。	
19	中国語は難しいですか。	
20	文法はあまり難しくない。	
21	発音は非常に難しい。	

 しゃんべんのつぶやき　　　　"三大件" sāndàjiàn

「三大件」とは家財道具三つのこと。結婚の時に欲しがる人が多いのですが、年代によって必要なものが変化しています。50，60 年代では、腕時計、自転車、ラジオ。90 年代ではクーラー、パソコン、ビデオ。現代は家、車、現金となっています。

会話 **1** 　　🔊 54

大山： 你在哪儿？	Nǐ zài nǎr?
李莉： 我在图书馆。	Wǒ zài túshūguǎn.
大山： 你在图书馆做什么？	Nǐ zài túshūguǎn zuò shénme?
李莉： 我在图书馆看书。	Wǒ zài túshūguǎn kànshū.

絵 を見て話そう　　**施設 / 行為**　　🔊 55

①

教室 / 上课
jiàoshì/shàngkè

②

图书馆 / 看书
túshūguǎn/kàn shū

③

食堂 / 吃饭
shítáng/chīfàn

④

操场 / 踢球
cāochǎng/tī qiú

⑤

体育馆 / 跳舞
tǐyùguǎn/tiàowǔ

⑥

便利店 / 打工
biànlìdiàn/dǎgōng

⑦

商店 / 买东西
shāngdiàn/mǎi dōngxi

⑧

医院 / 看病
yīyuàn/kànbìng

独話　どこで何をしているかを言う。　　🔊 56

例　我在 教室 上课 。　　Wǒ zài jiàoshì shàngkè.

対話　どこにいるのか、そこで何をしているのかを尋ねる、答える。[二人一組]

A：你在哪儿？	Nǐ zài nǎr?
B：我在 教室 。	Wǒ zài jiàoshì.
A：你在 教室 做什么？	Nǐ zài jiàoshì zuò shénme?
B：我在 教室 上课 。	Wǒ zài jiàoshì shàngkè.

新 出 語 句　🔊 53

在 zài 動 いる、ある　　在 zài 前 ～で / に　　做 zuò 動 する

会話 2　◀) 57

李莉: 你去哪儿？　　　　　　　　　　　　Nǐ qù nǎr?

大山: 我去便利店。　　　　　　　　　　　Wǒ qù biànlìdiàn.

李莉: 你去便利店做什么?　　　　　　　　Nǐ qù biànlìdiàn zuò shénme?

大山: 我去便利店打工。　　　　　　　　　Wǒ qù biànlìdiàn dǎgōng.

絵 を見て話そう　　施設 / 行為　◀) 58

①

食堂 / 吃饭
shítáng/chīfàn

②

教室 / 上课
jiàoshì/shàngkè

③

图书馆 / 看书
túshūguǎn/kàn shū

④

操场 / 踢球
cāochǎng/tī qiú

⑤

体育馆 / 跳舞
tǐyùguǎn/tiàowǔ

⑥

便利店 / 打工
biànlìdiàn/dǎgōng

⑦

商店 / 买东西
shāngdiàn/mǎi dōngxi

⑧

医院 / 看病
yīyuàn/kànbìng

独話　どこへ行って何をするかを言う。　◀) 59

例　我去 食堂 吃饭 。　　　　　　　　　Wǒ qù shítáng chīfàn.

対話　どこへ行くのか、そこへ何をしに行くのかを尋ねる、答える。[二人一組]

例　A: 你去哪儿?　　　　　　　　　　　Nǐ qù nǎr?

B: 我去 食堂 。　　　　　　　　　　　Wǒ qù shítáng.

A: 你去 食堂 做什么?　　　　　　　　Nǐ qù shítáng zuò shénme?

B: 我去 食堂 吃饭 。　　　　　　　　Wǒ qù shítáng chīfàn.

新 出 語 句

去 qù 動 行く　　打工 dǎgōng 動 アルバイトをする

学習のポイント

1 動詞 "在" 「～は…にいる／ある」 🔊 60

| 主語 ＋ "在" ＋ 場所 | ▶否定形は "不在" を使う。|

你 在 学校 吗?
Nǐ zài xuéxiào ma?

— 我 不 在 学校，我 在 家。
Wǒ bú zài xuéxiào, wǒ zài jiā.

便利店 在 哪儿?
Biànlìdiàn zài nǎr?

— 便利店 在 银行 旁边。
Biànlìdiàn zài yínháng pángbiān.

ちょいとれ 日本語の意味にあうように、（ ）に適切な語を入れましょう。

あなたがたの会社はどこにありますか。　— 私達の会社は病院のそばにあります。

你们（　　　　）在（　　　　）?　　　（　　　　）公司在（　　　　）（　　　　）。
Nǐmen（　　　　）zài（　　　　）?　　　（　　　　）gōngsī zài（　　　　）（　　　　）.

2 前置詞 "在" 「～で…する」

| 主語 ＋ "在" 場所 ＋ 動詞 ＋ 目的語 | ▶否定は "不" を "在" の前に置く。|

你 在 哪儿 吃 午饭?
Nǐ zài nǎr chī wǔfàn?

— 我 在 大学 的 食堂 吃 午饭。
Wǒ zài dàxué de shítáng chī wǔfàn.

你 在 银行 工作 吗?
Nǐ zài yínháng gōngzuò ma?

— 不，我 不 在 银行 工作，我 在 医院 工作。
Bù, wǒ bú zài yínháng gōngzuò, wǒ zài yīyuàn gōngzuò.

ちょいとれ 日本語の意味にあうように、（ ）に適切な語を入れましょう。

1) あなたのお兄さんはどこでバイトしていますか。　— 彼はコンビニでバイトしています。

你（　　　　）在哪儿（　　　　）?　　　他在（　　　　）（　　　　）。
Nǐ（　　　　）zài nǎr（　　　　）?　　　Tā zài（　　　　）（　　　　）.

2) 私は図書館では本を読まない。私は教室で本を読む。

我（　　　　）图书馆（　　　　）。　我（　　　　）（　　　　）看书。
Wǒ（　　　　）túshūguǎn（　　　　）.　Wǒ（　　　　）（　　　　）kàn shū.

3 連動文

| 主語 ＋ 動詞₁ ＋ 目的語₁ ＋ 動詞₂ ＋ 目的語₂ |

▶動作の行われる時間順に動詞フレーズを重ねて言う。或いは方法としての動詞フレーズを先に言う。

我 去 食堂 吃 午饭。
Wǒ qù shítáng chī wǔfàn.

他 骑 自行车 去 大学。
Tā qí zìxíngchē qù dàxué.

新出語句

学校 xuéxiào 名学校　銀行 yínháng 名銀行　旁边 pángbiān 名そば　吃 chī 動食べる
午饭 wǔfàn 名昼ご飯　工作 gōngzuò 動仕事をする　骑 qí 動（跨って）乗る　自行车 zìxíngchē 名自転車

4 時刻と時間の尋ね方、言い方

時刻　　几点
　　　　　jǐ diǎn

1：00	一 点 yì diǎn
2：05	两 点 零 五 分 liǎng diǎn líng wǔ fēn
3：15	三 点 十五 分　三 点 一 刻 sān diǎn shíwǔ fēn　sān diǎn yí kè
4：30	四 点 三十 分　四 点 半 sì diǎn sānshí fēn　sì diǎn bàn

现在 几 点?　　　　　　　　　—— 现在 九 点 四十五 分。
Xiànzài jǐ diǎn?　　　　　　　　Xiànzài jiǔ diǎn sìshiwǔ fēn.

你 每天 几点 睡觉?　　　　　　—— 我 每天 十一 点 睡觉。
Nǐ měi tiān jǐ diǎn shuìjiào?　　　Wǒ měi tiān shíyī diǎn shuìjiào.

時間　　几 个 小时　　多长 时间
　　　　　jǐ ge xiǎoshí　　duōcháng shíjiān

一 个 小时　　半 个 小时(三十 分钟)　　一 天　　两 个 月　　三 年
yí ge xiǎoshí　　bàn ge xiǎoshí (sānshí fēnzhōng)　　yì tiān　　liǎng ge yuè　　sān nián

你 每天 学习 几 个 小时?　　—— 我 每天 学习 两 个 小时。
Nǐ měi tiān xuéxí jǐ ge xiǎoshí?　　　　Wǒ měi tiān xuéxí liǎng ge xiǎoshí.

▶動作の継続時間は動詞の後に置かれる。第9課で詳しく学ぶ。

5 前置詞 "从～到…"「～から…まで」　　▶ "从" は起点、"到" は到達点を表す。

你 从 几 点 到 几 点 上班?　　　　—— 我 从 九 点 到 五 点 上班。
Nǐ cóng jǐ diǎn dào jǐ diǎn shàngbān?　　Wǒ cóng jiǔ diǎn dào wǔ diǎn shàngbān.

从 北京 到 东京 要 多长 时间?　　—— 坐 飞机 要 三 个 半 小时。
Cóng Běijīng dào Dōngjīng yào duōcháng shíjiān?　　Zuò fēijī yào sān ge bàn xiǎoshí.

新出語句

几 jǐ 数 いくつ　　点 diǎn 量 ～時　　零 líng 数 ゼロ　　分 fēn 量 ～分　　刻 kè 量 15分　　半 bàn 数 半
现在 xiànzài 名 今　　每天 měi tiān 毎日　　睡觉 shuìjiào 動 寝る　　小时 xiǎoshí 量 ～時間
多长时间 duōcháng shíjiān どのくらいの時間　　分钟 fēnzhōng 量 ～分間　　天 tiān 量 ～日間
年 nián 量 ～年間　　学习 xuéxí 動 勉強する　　从 cóng 前 ～から　　到 dào 前 ～まで
上班 shàngbān 動 勤務する　　北京 Běijīng 名 北京　　东京 Dōngjīng 名 東京　　要 yào 動 かかる
坐 zuò 動 乗る　　飞机 fēijī 名 飛行機

我 的 一天 Wǒ de yì tiān

从 星期 一 到 星期 五 我 早上 七 点 起床。
Cóng xīngqī yī dào xīngqī wǔ wǒ zǎoshang qī diǎn qǐchuáng.

七 点 半 吃 早饭。
Qī diǎn bàn chī zǎofàn.

八 点 出门, 八 点 四十 到 学校。
Bā diǎn chūmén, bā diǎn sìshí dào xuéxiào.

从 九点 到 十二 点 上课。
Cóng jiǔ diǎn dào shí'èr diǎn shàngkè.

中午 我 去 食堂 吃 午饭。
Zhōngwǔ wǒ qù shítáng chī wǔfàn.

下午 一 点 上课, 四 点 半 下课。
Xiàwǔ yì diǎn shàngkè, sì diǎn bàn xià kè.

星期三 和 星期五 我 去 便利店 打工, 打 四 个 小时。
Xīngqīsān hé xīngqīwǔ wǒ qù biànlìdiàn dǎgōng, dǎ sì ge xiǎoshí.

然后 我 买 便当 回 家 吃。
Ránhòu wǒ mǎi biàndāng huí jiā chī.

我 十一 点 洗澡, 洗 半 个 小时。
Wǒ shíyī diǎn xǐzǎo, xǐ bàn ge xiǎoshí.

十二 点 睡觉。
Shí'èr diǎn shuìjiào.

新 出 語 句

星期 xīngqī 名 曜日 　 早上 zǎoshang 名 朝 （⇔晚上 wǎnshang 夜） 　 起床 qǐchuáng 動 起きる

早饭 zǎofàn 名 朝ご飯 　 出门 chūmén 動 出かける 　 到 dào 動 着く 　 中午 zhōngwǔ 名 昼頃

下午 xiàwǔ 名 午後 （⇔上午 shàngwǔ 午前） 　 然后 ránhòu 副 それから 　 买 mǎi 動 買う

便当 biàndāng 名 弁当 　 回家 huí jiā 動 家に帰る 　 洗澡 xǐzǎo 動 風呂に入る 　 洗 xǐ 動 洗う、風呂に入る

🔊 62

1 リスニング 音声を聞き、（　　）を埋め、1）〜 4）の質問に答えましょう。

我每天（　　　　）7 点起床。（　　　　　）到学校上课，12 点（　　　　　），

然后去（　　　　）吃（　　　　）。

（　　　　）从 1 点（　　　　）上课。（　　　　）打工，打（　　　　）。

（　　　　）到家，（　　　　　）洗澡，洗（　　　　）。（　　　　）一个小时，

然后（　　　　）。

1）他 下午 几 点 上课? 几 点 下课?
Tā xiàwǔ jǐ diǎn shàngkè? Jǐ diǎn xià kè?

2）他 从 几 点 到 几 点 打工? 打 几 个 小时?
Tā cóng jǐ diǎn dào jǐ diǎn dǎgōng? Dǎ jǐ ge xiǎoshí?

3）他 几 点 睡觉?
Tā jǐ diǎn shuìjiào?

4）他 睡 几 个 小时?
Tā shuì jǐ ge xiǎoshí?

2 [ ] の語を使って中国語に訳しましょう。一語の複数回利用可。

1）教室から食堂までどのくらい時間がかかりますか。

—— 教室から食堂まで 5 分かかります。

2）あなたは何時から何時まで勉強しますか。

—— 私は 10 時から 11 時まで勉強します。

[教室 食堂 学习 要 从 到 几 点 你 我 多长时间 五 分钟 十 十一 点]

3 口頭発表 一日の過ごし方を 5 文以上で発表しましょう。 🔊 63

例 我 七 点 起床。九 点 到 学校 上课。中午 在 食堂 吃饭。下午 四 点 下课。
Wǒ qī diǎn qǐchuáng. Jiǔ diǎn dào xuéxiào shàngkè. Zhōngwǔ zài shítáng chīfàn. Xiàwǔ sì diǎn xià kè.

五 点 打工，打 四 个 小时。九 点 半 到 家，十 点 洗澡，洗 二十 分钟。
Wǔ diǎn dǎgōng, dǎ sì ge xiǎoshí. Jiǔ diǎn bàn dào jiā, shí diǎn xǐzǎo, xǐ èrshí fēnzhōng.

学习 两 个 小时，然后 睡觉。
Xuéxí liǎng ge xiǎoshí, ránhòu shuìjiào.

対応する中国語の簡体字とピンインを書きましょう。　🔊 64

	日本語	中国語	ピンイン
1	図書館		
2	食堂		
3	教室		
4	銀行		
5	店		
6	病院		
7	何をする		
8	どこにいる		
9	どこへ行く		
10	本を読む		
11	昼食を食べる		
12	授業を受ける		
13	買い物する		
14	勤務する		
15	受診する		
16	バイトをする		
17	弁当を買う		
18	家に帰る		
19	勉強する		
20	起きる		
21	寝る		
22	毎日		
23	何時		
24	どのくらいの時間		
25	五分間		
26	二時間		
27	〜から〜まで		
28	かかる		

瞬訳トレーニング

	日本語	中国語
1	あなたはどこにいますか。	
2	私は図書館にいます。	
3	あなたは図書館で何をしてますか。	
4	私は図書館で本を読んでいます。	
5	私は教室で授業を受けています。	
6	あなたはどこで昼食を食べますか。	
7	私は食堂で食べます。	
8	彼は銀行で働いていません。	
9	私は病院へ受診しに行きます。	
10	私は店へ買い物に行きます。	
11	あなたは毎日何時に起きますか。	
12	私は毎日7時半に起きます。	
13	あなたは毎日何時に寝ますか。	
14	私は6時からバイトをします。	
15	私は弁当を買って、家に帰って食べます。	
16	あなたは毎日何時間勉強しますか。	
17	私は毎日二時間勉強します。	
18	教室から食堂までどのぐらい時間がかかりますか。	
19	教室から食堂まで五分間かかります。	

 しゅんべんのつぶやき　　"微信" Wēixìn

中国大陸は日本と違って LINE、Facebook、X（旧 Twitter）などが使えません。代わりに独自のサービスが発達しており、中でも中国版 LINE とも言える微信（ウィチャット）が日常的によく使われます。皆さんも微信の ID を取得して、やり取りしてみませんか？

你家有几口人？

会話 **1**　　◀)) 67

A: 你家在哪儿?　　　　　　　　Nǐ jiā zài nǎr?

B: 我家在北京。　　　　　　　　Wǒ jiā zài Běijīng.

A: 你家有几口人?　　　　　　　Nǐ jiā yǒu jǐ kǒu rén?

B: 我家有五口人。　　　　　　　Wǒ jiā yǒu wǔ kǒu rén.

A: 你家都有什么人?　　　　　　Nǐ jiā dōu yǒu shénme rén?

B: 我家有爸爸、妈妈、两个姐姐和我。Wǒ jiā yǒu bàba, māma, liǎng ge jiějie hé wǒ.

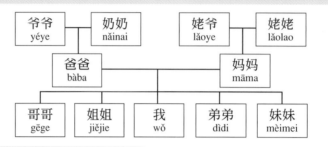

◀)) 68

```
爷爷      奶奶        姥爷      姥姥
yéye     nǎinai      lǎoye     lǎolao

         爸爸                妈妈
         bàba                māma

哥哥      姐姐        我      弟弟      妹妹
gēge     jiějie       wǒ     dìdi      mèimei
```

絵 を見て話そう　**家族**　◀)) 69

大山健太 / 札幌
Dàshān Jiàntài /Zháhuǎng

林浩 / 京都
Lín Hào / Jīngdū

麦克 / 纽约
Màikè / Niǔyuē

李莉 / 上海
Lǐ Lì / Shànghǎi

独話　住まい、家族の人数・構成を言う。　◀)) 70

例　大山健太家在札幌，他家有七口人，有爷爷、奶奶、爸爸、妈妈、一个弟弟、一个妹妹和他。Dàshān Jiàntài jiā zài Zháhuǎng, tā jiā yǒu qī kǒu rén, yǒu yéye, nǎinai, bàba, māma, yí ge dìdi, yí ge mèimei hé tā.

対話　住まい、家族の人数・構成を尋ねる、答える。[二人一組]

例　A：大山健太 家在哪儿?　　　　B：他家在 札幌 。
　　　Dàshān Jiàntài jiā zài nǎr?　　　　Tā jiā zài Zháhuǎng.

　　A：他家有几口人?　　　　　　B：他家有 七口人 。
　　　Tā jiā yǒu jǐ kǒu rén?　　　　　Tā jiā yǒu qī kǒu rén.

　　A：他家都有什么人?
　　　Tā jiā dōu yǒu shénme rén?

　　B：他家有 爷爷、奶奶、爸爸、妈妈、一个弟弟、一个 妹妹和他 。
　　　Tā jiā yǒu yéye, nǎinai, bàba, māma, yí ge dìdi, yí ge mèimei hé tā.

◀)) 66

新出語句

有 yǒu 動 いる、ある　　口 kǒu 量 (家族の人数) ～人　　和 hé 接 ～と～

会話 **2** 🔊 71

A: 你老家在哪儿?   Nǐ lǎojiā zài nǎr?

B: 我老家在天津。   Wǒ lǎojiā zài Tiānjīn.

A: 天津有什么美食?   Tiānjīn yǒu shénme měishí?

B: 天津的包子特别好吃。   Tiānjīn de bāozi tèbié hǎochī.

絵 を見て話そう　　**ご当地グルメ**　🔊 72

①

北京 / 烤鸭
Běijīng/kǎoyā

②

上海 / 小笼包
Shànghǎi/xiǎolóngbāo

③

西安 / 饺子
Xī'ān / jiǎozi

④

香港 / 点心
Xiānggǎng/diǎnxin

⑤

台湾 / 卤肉饭
Táiwān / lǔròufàn

⑥

札幌 / 汤咖喱
Zháhuǎng / tānggālí

⑦

大阪 / 章鱼烧
Dàbǎn/zhāngyúshāo

⑧

冲绳 / 炒苦瓜
Chōngshéng / chǎo kǔguā

独話　地域とそのご当地グルメを言う。　🔊 73

例 北京 的 烤鸭 特别好吃。   Běijīng de kǎoyā tèbié hǎochī.

対話　故郷とそこのご当地グルメを尋ねる、答える。［二人一組］

例 A：你老家在哪儿?   B：我老家在 札幌 。
　　Nǐ lǎojiā zài nǎr?   Wǒ lǎojiā zài Zháhuǎng.

　　A：札幌 有什么美食?   B：札幌 的 汤咖喱 特别好吃。
　　Zháhuǎng yǒu shénme měishí?   Zháhuǎng de tānggālí tèbié hǎochī.

新 出 語 句

老家 lǎojiā 名 実家、ふるさと　　天津 Tiānjīn 名 天津　　美食 měishí 名 美味しい物、グルメ

包子 bāozi 名 肉まん　　特别 tèbié 副 すごく　　好吃 hǎochī 形 おいしい

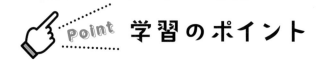

1 量詞 ◀) 74

数詞 + 量詞 + 名詞

一 个 人	两 本 书	三 家 商店	四 节 课	五 台 电脑
yí ge rén	liǎng běn shū	sān jiā shāngdiàn	sì jié kè	wǔ tái diànnǎo

▶「指示代詞」がつく場合　指示代詞 + 数詞 + 量詞 + 名詞　数詞が "一" の場合は通常省略。

这(一)本 书	那 两 家 商店	哪(一)台 电脑
zhè (yì) běn shū	nà liǎng jiā shāngdiàn	nǎ (yì) tái diànnǎo

2 方位詞

	上 shàng	下 xià	左 zuǒ	右 yòu	前 qián	后 hòu	里 lǐ	外 wài
边 bian	上边	下边	左边	右边	前边	后边	里边	外边

▶他に "旁边 pángbiān（そば）"、"附近 fùjìn（近く）"、"对面 duìmiàn（向かい）" などがある。

3 存在を表す動詞 "有"　「～に…がいる／ある」 ◀) 75

場所（名詞 + 方位詞）+ "有" + 人 / 物　　▶否定文は "没有" を使う。

桌子上 有 两 本 词典。
Zhuōzishang yǒu liǎng běn cídiǎn.

医院 前边 有 一 家 便利店。
Yīyuàn qiánbian yǒu yì jiā biànlìdiàn.

公园里 有 洗手间 吗?
Gōngyuánli yǒu xǐshǒujiān ma?

—— 公园里 没有 洗手间。
Gōngyuánli méiyǒu xǐshǒujiān.

 ［ ］内の語を使って中国語に訳しましょう。一語の複数回利用可。

1) あなたの家の近くにお店はありますか。　　—— 私の家の近くにはコンビニが一軒あります。

2) そのカバンの中に何が入っていますか。　　—— このカバンの中に弁当が入っています。

［你 我 书包 里 家 一家 什么 便当 有 吗 那个 商店 附近 这个 便利店 。］

新出語句

个 ge 量 ～人、～個　　本 běn 量 ～冊　　家 jiā 量 ～軒　　节 jié 量 ～コマ　　课 kè 名 授業　　台 tái 量 ～台
电脑 diànnǎo 名 パソコン　　桌子 zhuōzi 名 机　　词典 cídiǎn 名 辞典　　公园 gōngyuán 名 公園
没有 méiyǒu 動 ない、いない　　洗手间 xǐshǒujiān 名 お手洗い

4　所有を表す動詞 "有"　「～は…を持っている」

主語（人）＋ "有" ＋目的語　　▶否定形は "没有" を使う。

你 有 电脑 吗?
Nǐ yǒu diànnǎo ma?

―― 我 没有 电脑 。
Wǒ méiyǒu diànnǎo.

你 有 兄弟 姐妹 吗?
Nǐ yǒu xiōngdì jiěmèi ma?

―― 我 有 一 个 哥哥。
Wǒ yǒu yí ge gēge.

5　形容詞が名詞の修飾語になるとき

好 朋友　　　新 车　　　　　[1音節の形容詞は名詞の前に直接置ける。]
hǎo péngyou　xīn chē

很 好 的 朋友　最 新 的 车　　[副詞＋形容詞＋ "的" ＋名詞]
hěn hǎo de péngyou　zuì xīn de chē

很 多 书　　　很 多 寺庙　　　["多" の前に "很" が必要。"的" は省略可。]
hěn duō shū　hěn duō sìmiào

好吃 的 菜　　漂亮 的 衣服　　[2音節の形容詞＋ "的" ＋名詞]
hǎochī de cài　piàoliang de yīfu

6　数を尋ねる疑問詞 "几" と "多少"

"几"　　予想される数が 10 以下の場合に使う。量詞が必要。

你 家 有 几 口 人?
Nǐ jiā yǒu jǐ kǒu rén?

―― 我 家 有 四 口 人。
Wǒ jiā yǒu sì kǒu rén.

"多少"　数の大小に関係なく使う。"多少" の後の量詞は省略できる。

你们 班 有 多少（个）学生?
Nǐmen bān yǒu duōshao (ge) xuésheng?

―― 我们 班 有 四十 个 学生。
Wǒmen bān yǒu sìshí ge xuésheng.

ちょいとれ　[ ] 内の語を使って中国語に訳しましょう。一語の複数回利用可。

1) あなたの家にはパソコンが何台ありますか。　―― 私の家にはパソコンが 2 台あります。

2) あなたがたの大学には留学生が何人いますか。　―― 私達の大学には留学生が 30 人います。

[大学 你 我 们 家 几 多少 个 台 电脑 留学生 有 三十 两 ？。]

新出語句

兄弟姐妹 xiōngdì jiěmèi 兄弟姉妹　　好 hǎo 形 良い　　车 chē 名 車　　最 zuì 副 最も
多 duō 形 多い、たくさん　　寺庙 sìmiào 名 寺院　　菜 cài 名 料理　　漂亮 piàoliang 形 きれいだ
衣服 yīfu 名 服　　班 bān 名 クラス　　多少 duōshao 代 どのくらい、いくつ

麦克：**你 老家 在 哪儿?**
　　　Nǐ　lǎojiā　zài nǎr?

林浩：**我 老家 在 京都。**
　　　Wǒ lǎojiā zài Jīngdū.

麦克：**哇，那里 有 很 多 古老 的 寺庙。**
　　　Wā,　nàli　yǒu hěn duō gǔlǎo　de　sìmiào.

林浩：**对，那里 有 金阁寺、银阁寺、清水寺…**
　　　Duì,　nàli　yǒu　Jīngésì,　Yíngésì,　Qīngshuǐsì…

麦克：**还 有 东大寺 吧?**
　　　Hái yǒu Dōngdàsì ba?

林浩：**不，东大寺 不 在 京都，在 奈良。**
　　　Bù,　Dōngdàsì bú zài　Jīngdū,　zài Nàiliáng.

麦克：**是 吗，不 好意思。**
　　　Shì ma,　bù　hǎoyìsi.

林浩：**东大寺 和 春日大社 都 在 奈良 公园里。**
　　　Dōngdàsì hé Chūnrì dàshè dōu zài Nàiliáng gōngyuánli.

麦克：**奈良 公园 那么 大 吗?**
　　　Nàiliáng gōngyuán nàme dà ma?

林浩：**非常 大。里边 还 有 很 多 鹿。**
　　　Fēicháng dà. Lǐbian hái yǒu hěn duō lù.

麦克：**那些 鹿 很 可爱 吧。**
　　　Nàxiē　lù　hěn kě'ài ba.

林浩：**有时候 挺 凶 的。**
　　　Yǒushíhou tǐng xiōng de.

新 出 語 句

哇 wā 感 わあ　　**古老** gǔlǎo 形 古い　　**还** hái 副 また、さらに　　**奈良** Nàiliáng 名 奈良

不好意思 bù hǎoyìsi 恥ずかしい　　**那么** nàme 代 あんなに、そんなに　　**大** dà 形 大きい

鹿 lù 名 鹿　　**有时候** yǒushíhou 副 時には　　**挺~的** tǐng~de けっこう、なかなか　　**凶** xiōng 形 凶暴だ

🔊 77

1 リスニング　音声を聞き、イラストの○に置いてある物を①～④から選びましょう。

① 　② 　③ 　④

第6課

2 次の日本語を中国語に訳しましょう。

1）あなたたちの大学の図書館には何冊の蔵書（藏书 cángshū）がありますか。

2）あなたには何人の兄弟姉妹がいますか。

3）金閣寺はどこにありますか。

4）奈良公園にはたくさんの鹿がいます。

3 口頭発表　ふるさと名物を紹介しましょう。

🔊 78

例　◎我老家在 札幌 。
　　　Wǒ lǎojiā zài Zháhuǎng.

　　　—— 札幌 有什么美食?
　　　Zháhuǎng yǒu shénme měishí?

　　◎ 札幌 的 汤咖喱 特别好吃。
　　　Zháhuǎng de tānggālí tèbié hǎochī.

　　　—— 札幌 的 汤咖喱 特别好吃。
　　　Zháhuǎng de tānggālí tèbié hǎochī.

補 充 練 習

対応する中国語の簡体字とピンインを書きましょう。　🔊 79

	日本語	中国語	ピンイン
1	北京		
2	天津		
3	何人家族		
4	どんな人		
5	父		
6	母		
7	二人の姉		
8	～と～		
9	兄弟姉妹		
10	持っている		
11	持っていない		
12	パソコン		
13	教科書		
14	携帯		
15	弁当		
16	故郷		
17	どんな美味しいもの		
18	肉まん		
19	すごく		
20	美味しい		
21	近く		
22	お店		
23	一軒		
24	コンビニ		
25	カバン		
26	なか		
27	何コマの授業		

瞬訳トレーニング

🔊 80

	日本語	中国語
1	あなたの家はどこにありますか。	
2	私の家は北京にあります。	
3	あなたの家は何人家族ですか。	
4	私の家は五人家族です。	
5	あなたの家にはどんな人がいますか。	
6	私の家には父、母、二人の姉と私がいます。	
7	あなたには兄弟姉妹がいますか。	
8	私には弟が一人います。	
9	私はパソコンを持っています。携帯は持っていません。	
10	あなたの故郷はどこにありますか。	
11	私の故郷は天津にあります。	
12	天津にはどんな美味しいものがありますか。	
13	天津の肉まんがすごく美味しいです。	
14	あなたの家の近くにはお店はありますか。	
15	私の家の近くにはコンビニが一軒あります。	
16	あなたのカバンの中には何が入っていますか。	
17	私のカバンの中には教科書とお弁当が入っています。	
18	あなたはきょう何コマ授業がありますか。	
19	私はきょう四コマ授業があります。	

 しゃんべんのつぶやき　　　　"甜酸苦辣咸" tián suān kǔ là xián

中華料理は地域によって味わいや調理方法が異なります。特徴としてよく挙げられるのが「甜（甘味）、酸（酸味）、咸（塩味）、苦（苦味）、辣（辛味）の「五味」です。例えば四川省では辣が好まれ、唐辛子で真っ赤になった料理がたくさん登場します。

会話 1　🔊 82

李莉：你会说外语吗？　　　　　　　　　Nǐ huì shuō wàiyǔ ma?

林浩：我会说英语，还会说汉语。　　　　Wǒ huì shuō Yīngyǔ, hái huì shuō Hànyǔ.

李莉：你好厉害呀！　　　　　　　　　　Nǐ hǎo lìhai ya!

林浩：哪里哪里。　　　　　　　　　　　Nǎli nǎli.

絵 を見て話そう　特技　🔊 83

①

演奏乐器　yǎnzòu yuèqì
弹钢琴　tán gāngqín
拉小提琴　lā xiǎotíqín

②

说外语　shuō wàiyǔ
说英语　shuō Yīngyǔ
说汉语　shuō Hànyǔ

③

游泳　yóuyǒng
游自由泳　yóu zìyóuyǒng
游蝶泳　yóu diéyǒng

④

做菜　zuò cài
做中国菜　zuò Zhōngguócài
做日本菜　zuò Rìběncài

⑤

下棋　xià qí
下围棋　xià wéiqí
下象棋　xià xiàngqí

⑥

打牌　dǎ pái
打扑克　dǎ pūkè
打麻将　dǎ májiàng

⑦

骑车　qíchē
骑自行车　qí zìxíngchē
骑摩托车　qí mótuōchē

⑧

滑雪　huáxuě
滑双板　huá shuāngbǎn
滑单板　huá dānbǎn

独話　できることとできないことを言う。　🔊 84

例　我会 弹钢琴 ，不会 拉小提琴 。　　　Wǒ huì tán gāngqín, bú huì lā xiǎotíqín.

対話　A が相手の特技を尋ね、B が答える。[二人一組]

例　A：你会 演奏乐器 吗？　　　　　　　Nǐ huì yǎnzòu yuèqì ma?
　　B：会，我会 弹钢琴 ，还会 拉小提琴 。　Huì, wǒ huì tán gāngqín, hái huì lā xiǎotíqín.
　　A：你好厉害呀！　　　　　　　　　　Nǐ hǎo lìhai ya!
　　B：哪里哪里。　　　　　　　　　　　Nǎli nǎli.

新出語句　🔊 81

会 huì 助動 ～できる　　说 shuō 動 話す　　外语 wàiyǔ 名 外国語　　好 hǎo 副 とても
厉害 lìhai 形 すごい　　呀 ya 助 ～ね　　哪里哪里 nǎli nǎli　いやいや

会話 2 🔊 85

李莉：你打网球打得怎么样？　　　　　Nǐ dǎ wǎngqiú dǎde zěnmeyàng?

林浩：我打得很好。　　　　　　　　　Wǒ dǎde hěn hǎo.

李莉：你可以教教我吗？　　　　　　　Nǐ kěyǐ jiāojiao wǒ ma?

林浩：当然可以。　　　　　　　　　　Dāngrán kěyǐ.

絵 を見て話そう　**趣味・特技**　🔊 86

①

唱歌
chàng gē

②

包饺子
bāo jiǎozi

③

玩儿游戏
wánr yóuxì

④

下围棋
xià wéiqí

⑤

画画儿
huà huàr

⑥

跳舞
tiàowǔ

⑦

滑雪
huáxuě

⑧

踢足球
tī zúqiú

独話　得意なことを言う。　🔊 87

例　我 唱歌唱得 很好。　　　　　　　Wǒ chàng gē chàng de hěn hǎo.

対話　苦手であることを打ち明け、教えを請う。それに応じる。[二人一組]

例　A：咱们一起 包饺子 吧。　　　　　Zánmen yìqǐ bāo jiǎozi ba.
　　B：我 包 得不好。你可以教教我吗？　Wǒ bāo de bù hǎo. Nǐ kěyǐ jiāojiao wǒ ma?
　　A：当然可以。　　　　　　　　　　Dāngrán kěyǐ.
　　B：谢谢。　　　　　　　　　　　　Xièxie.

新 出 語 句

打 dǎ 動（球技等を）する　　网球 wǎngqiú 名 テニス　　得 de 助 様態補語を導く

可以 kěyǐ 助動 〜してもよい、〜できる　　教 jiāo 動 教える　　当然 dāngrán 副 もちろん

一起 yìqǐ 副 一緒に　　吧 ba 助 〜しましょう

学習のポイント

1 助動詞 "会" / "能" / "可以"　「〜することができる」　🔊 88

> 主語＋"会" / "能" / "可以"＋動詞＋（目的語）

"会"（習得して）できる

你 会 说 汉语 吗?
Nǐ huì shuō Hànyǔ ma?

—— 我 会 说 汉语。
Wǒ huì shuō Hànyǔ.

你 会 不 会 开车?
Nǐ huì bu huì kāichē?

—— 我 不 会 开车。
Wǒ bú huì kāichē.

"能"（能力や条件があって）できる

明天 你 能 来 吗?
Míngtiān nǐ néng lái ma?

—— 明天 我 打工, 不 能 来。
Míngtiān wǒ dǎgōng, bù néng lái.

你 一天 能 走 多少 公里?
Nǐ yì tiān néng zǒu duōshao gōnglǐ?

—— 我 一天 能 走 四十 公里。
Wǒ yì tiān néng zǒu sìshí gōnglǐ.

"可以"（許可されて）できる

这儿 可以 照相 吗?
Zhèr kěyǐ zhàoxiàng ma?

—— 这儿 不 可以 （不能） 照相。
Zhèr bù kěyǐ (bù néng) zhàoxiàng.

ちょいとれ 🖊 日本語の意味にあうように、（ ）に適切な語を入れましょう。

1) あなたは自転車に乗ることができますか。　　—— 私は自転車に乗ることができません。

你 （　　　　　　　　　　） 吗?　　　　我 （　　　　　　　　　）。
Nǐ （　　　　　　　　　） ma?　　　　Wǒ （　　　　　　　　　）.

2) あなたは今日晩御飯を作れますか。　　—— 私は今日作れません。

你今天 （　　　　　　　　） 吗?　　　　我今天 （　　　　　　　　）。
Nǐ jīntiān （　　　　　　　） ma?　　　　Wǒ jīntiān （　　　　　　　）.

3) ここで泳いでもいいですか。　　—— ここで泳ぐことはできません。

这儿 （　　　　　　　　） 吗?　　　　这儿 （　　　　　　　　）。
Zhèr （　　　　　　　） ma?　　　　Zhèr （　　　　　　　）.

2 理由の尋ね方と答え方　"为什么〜?"「なぜ〜?」 ——"因为〜"「なぜなら〜」

你 为什么 不 吃?
Nǐ wèishénme bù chī?

—— 因为 我 不 舒服, 不 能 吃。
Yīnwèi wǒ bù shūfu, bù néng chī.

你 为什么 不 去 滑雪?
Nǐ wèishénme bú qù huáxuě?

—— 因为 我 不 会 滑雪。
Yīnwèi wǒ bú huì huáxuě.

新 出 語 句

开车 kāichē 動 車を運転する　　明天 míngtiān 名 明日　　能 néng 助動 〜できる　　来 lái 動 来る

走 zǒu 動 歩く　　公里 gōnglǐ 量 キロメートル　　照相 zhàoxiàng 動 写真を撮る

不舒服 bù shūfu 具合が悪い　　为什么 wèishénme なぜ　　因为 yīnwèi 接 なぜなら〜

3 **様態補語** 動作の出来栄えがどうであるかを言う。

| 主語 | ＋ | 述語 ＋ "得" ＋ 様態補語 |

她 唱 得 好 吗?　　　　　　　—— 她 唱 得 很 好。
Tā chàng de hǎo ma?　　　　　　　Tā chàng de hěn hǎo.

動詞述語に目的語がある場合　| 主語 ＋（動詞）＋ 目的語 |　＋　| 動詞 ＋ "得" ＋ 様態補語 |

她 唱 歌 唱 得 还 可以。　　　　他（说）汉语 说 得 很 流利。
Tā chàng gē chàng de hái kěyǐ.　　Tā (shuō) Hànyǔ shuō de hěn liúlì.

你（打）网球 打 得 怎么样?　　—— 我（打）网球 打 得 很 棒。
Nǐ (dǎ) wǎngqiú dǎ de zěnmeyàng?　　Wǒ (dǎ) wǎngqiú dǎ de hěn bàng.

 ピンインに対応する簡体字を記入し、日本語に訳しましょう。

1)　她（　　　　　　）很 流利。　　日訳
　　Tā （Rìyǔ shuō de）hěn liúlì.　　_____

2)　他（　　　　　　）不 太 好。　　日訳
　　Tā （tiàowǔ tiào de）bú tài hǎo.　　_____

4 **二重目的語**

| 主語 ＋ 動詞 ＋ 目的語（人）＋ 目的語（物・事） |　「～に～を…する」

大山 教 李莉 滑雪。　　　　　　他 告诉 我 一 个 好 消息。
Dàshān jiāo Lǐ Lì huáxuě.　　　　Tā gàosu wǒ yí ge hǎo xiāoxi.

我 给 他 生日 礼物。
Wǒ gěi tā shēngrì lǐwù.

 日本語の意味にあうように、（　）に適切な語を入れましょう。

誰があなたに英語を教えていますか?　　—— 姉が私に英語を教えてくれます。
谁（　　　　　　　　）?　　　　　我 姐姐（　　　　　　　　）。
Shéi （　　　　　　　）?　　　　　Wǒ jiějie　（　　　　　　　）.

5 **動詞の重ね型** ちょっと～する

等等　　　　　　等 一 等　　　　　咱们 等（一）等 他 吧。
Děngdeng　　　　Děng yi deng　　　Zánmen děng(yi)děng tā ba.

复习复习　　　　休息休息　　　▶ 2音節動詞は間に "一" は入らない。
Fùxí fùxí　　　　Xiūxi xiūxi

新 出 語 句

还可以 hái kěyǐ まあまあよい　　流利 liúlì 形 流暢だ　　棒 bàng 形 すばらしい　　给 gěi 動 あげる
告诉 gàosu 動 知らせる　　消息 xiāoxi 名 ニュース　　生日 shēngrì 名 誕生日　　礼物 lǐwù 名 プレゼント
等 děng 動 待つ　　复习 fùxí 動 復習する　　休息 xiūxi 動 休む

林浩： **听说 你 游泳 游 得 又 快 又 好，教教 我 吧。**
Tīngshuō nǐ yóuyǒng yóu de yòu kuài yòu hǎo, jiāojiao wǒ ba.

大山： **对不起。我 现在 不 能 游泳。**
Duìbuqǐ. Wǒ xiànzài bù néng yóuyǒng.

林浩： **为什么?**
Wèishénme?

大山： **因为 我 最近 皮肤 过敏。**
Yīnwèi wǒ zuìjìn pífū guòmǐn.

林浩： **是 吗，真 遗憾!**
Shì ma, zhēn yíhàn!

大山： **你 是 运动 健将，不 会 游泳 吗?**
Nǐ shì yùndòng jiànjiàng, bú huì yóuyǒng ma?

林浩： **会 是 会，不过 游 得 不 好。**
Huì shi huì, búguò yóu de bù hǎo.

大山： **你 能 游 多少 米?**
Nǐ néng yóu duōshao mǐ?

林浩： **我 不 会 换气，只 能 游 二十五 米。**
Wǒ bú huì huànqì, zhǐ néng yóu èrshiwǔ mǐ.

大山： **一口气 能 游 二十五 米，好 厉害!**
Yìkǒuqì néng yóu èrshiwǔ mǐ, hǎo lìhai!

新 出 語 句

听说 tīngshuō 動 聞くところによると…だそうだ　　又～又… yòu～yòu… ～だし…だ　　快 kuài 形 速い
吧 ba 助 ～してください　　对不起 duìbuqǐ ごめんなさい　　最近 zuìjìn 名 最近　　皮肤 pífū 名 肌、皮膚
过敏 guòmǐn 動 アレルギーになる　　遗憾 yíhàn 形 残念だ　　运动健将 yùndòng jiànjiàng スポーツマン
不过 búguò 接 しかし　　米 mǐ 量 メートル　　换气 huànqì 動 息継ぎする　　只 zhǐ 副 だけ
一口气 yìkǒuqì 副 一息で、一気に

🔊 90

1 リスニング ▶ 質問を書き取ってから、会話 1、2、3 の内容に基づいて答えましょう。

1) _____ ? _____

2) _____ ? _____

3) _____ ? _____

4) _____ ? _____

第 7 課

2 ［ ］から必要な語だけを使って日本語の意味に合うように作文し、ピンインも付けましょう。

1) 私はピアノを弾くことができます。しかしあまり上手ではない。

［ 我 钢琴 弹 弹 会 不 好 太 不过 得 的 能 可以 ，。］

2) 大山君は林浩に水泳を教えることができない。

［ 大山 林浩 游泳 教 能 会 给 不 没 。］

3) 彼は歩くのが速い、10 分間に 1 キロ歩ける。

［ 他 很 快 走 的 得 十 分钟 会 可以 走 能 一 公里 ，。］

3 口頭発表 ▶ 趣味・特技を含む自己紹介をしましょう。 🔊 91

例 ◎同学们好！　　　　　　　　　　　　 —— 你好！
　　Tóngxuémen hǎo!　　　　　　　　　　　Nǐ hǎo!

◎我 叫 大山健太 。
　Wǒ jiào Dàshān Jiàntài.

◎我 会 下围棋 ，我 下得很好 。　　　 —— 是的。你 下围棋下得很好 。
　Wǒ huì xià wéiqí,　wǒ xià de hěn hǎo.　　Shì de.　Nǐ xià wéiqí xià de hěn hǎo.

補 充 練 習

対応する中国語の簡体字とピンインを書きましょう。　　🔊 92

	日本語	中国語	ピンイン
1	話す		
2	外国語を話せる		
3	英語を話せる		
4	中国語を話せる		
5	さらに		
6	ピアノを弾く		
7	料理をする		
8	テニスをする		
9	スキーをする		
10	（〜する）のがどうですか		
11	上手		
12	下手		
13	まあまあよい		
14	教える		
15	〜してもいい		
16	もちろんよい		
17	餃子を作る		
18	一緒に〜ましょう		
19	ここ		
20	写真を撮る		
21	明日		
22	来られる		
23	なぜ		
24	なぜならば		
25	アレルギー		

瞬訳トレーニング

	日本語	中国語
1	あなたは外国語を話せますか。	
2	私は英語が話せます、さらに中国語も話せます。	
3	すごいですね。	
4	いやいや。	
5	私はピアノが弾けます。	
6	あなたは料理ができますか。	
7	私は料理ができません。	
8	あなたはテニスの腕前はどうですか。	
9	まあまあできます。	
10	教えてもらえますか。	
11	もちろんいいです。	
12	彼は歌を歌うのが上手です。	
13	私はスキーが下手です。	
14	私たちは一緒に餃子を作りましょう。	
15	私は餃子を作れません。	
16	私はあなたに教えます。	
17	ここでは写真を撮ってもいいですか。	
18	明日、あなたは来られますか。	
19	明日私はバイトで、来られないです。	
20	あなたはなぜ食べないのですか。	
21	なぜなら私はアレルギーだからです。	

 しゃんべんのつぶやき　　"教师节" Jiàoshījié

9月10日は何の日か知っていますか？　中国では「教师节」といって、先生に感謝する日となっています。言い伝えによると孔子の誕生日だとか。実はこの祝日、韓国にもあるんです。先生にお花をプレゼントしたりお礼を言ったり。教師の地位が高い文化なのでしょうね。

第8课 你想去逛街吗？

林浩：今天你有什么计划？　　　Jīntiān nǐ yǒu shénme jìhuà?

李莉：我想去逛街。　　　　　　Wǒ xiǎng qù guàngjiē.

林浩：我也想去。　　　　　　　Wǒ yě xiǎng qù.

李莉：那咱们一起去吧。　　　　Nà zánmen yìqǐ qù ba.

絵 を見て話そう　やりたいこと 🔊 96

①

明天 míngtiān
看电影 kàn diànyǐng

②

明天 míngtiān
听演唱会 tīng yǎnchànghuì

③

周末 zhōumò
泡温泉 pào wēnquán

④

小长假 xiǎochángjià
爬山 páshān

⑤

寒假 hánjià
看父母 kàn fùmǔ

⑥

寒假 hánjià
滑雪 huáxuě

⑦

暑假 shǔjià
留学 liúxué

⑧

暑假 shǔjià
旅游 lǚyóu

独話　いつ何をやりたいかを言う。 🔊 97

例　明天 我想去 看电影 。　　Míngtiān wǒ xiǎng qù kàn diànyǐng.

対話　Aが相手の予定を尋ね、Bが答える。[二人一組]

例　A：明天 你有什么计划？　　Míngtiān nǐ yǒu shénme jìhuà?

　　B：我想去 看电影 。　　　Wǒ xiǎng qù kàn diànyǐng.

　　A：我也想去 。　　　　　Wǒ yě xiǎng qù.

　　B：那咱们一起去吧。　　　Nà zánmen yìqǐ qù ba.

新出語句 🔊 94

今天 jīntiān 名今日　　计划 jìhuà 名計画、予定　　想 xiǎng 助動〜したい

逛街 guàngjiē 動街をぶらぶらする

会話 2　🔊 98

林浩：周末你有什么计划？　Zhōumò nǐ yǒu shénme jìhuà?

李莉：我想去泡温泉。　Wǒ xiǎng qù pào wēnquán.

林浩：你想怎么去？　Nǐ xiǎng zěnme qù?

李莉：我想坐专线大巴去。　Wǒ xiǎng zuò zhuānxiàn dàbā qù.

絵 を見て話そう　交通手段　🔊 99

明天 看电影
míngtiān kàn diànyǐng
坐地铁
zuò dìtiě

②

明天 听演唱会
míngtiān tīng yǎnchànghuì
坐公交车
zuò gōngjiāochē

③

周末 泡温泉
zhōumò pào wēnquán
坐专线大巴
zuò zhuānxiàn dàbā

④

小长假 爬山
xiǎochángjià páshān
走路
zǒulù

⑤

寒假 看父母
hánjià kàn fùmǔ
坐火车
zuò huǒchē

⑥

寒假 滑雪
hánjià huáxuě
开车
kāichē

⑦

暑假 留学
shǔjià liúxué
坐飞机
zuò fēijī

⑧

暑假 旅游
shǔjià lǚyóu
坐游轮
zuò yóulún

独話　交通手段を言う。　🔊 100

例　明天 我 坐地铁 去 看电影 。　Míngtiān wǒ zuò dìtiě qù kàn diànyǐng.

对话　A が予定と交通手段を尋ね、B が答える。［二人一組］

例　A：明天 你有什么计划？　Míngtiān nǐ yǒu shénme jìhuà?
　　B：我想去 看电影 。　Wǒ xiǎng qù kàn diànyǐng.
　　A：你想怎么去？　Nǐ xiǎng zěnme qù?
　　B：我想 坐地铁 去。　Wǒ xiǎng zuò dìtiě qù.

新 出 語 句

怎么 zěnme 代 どのように　专线大巴 zhuānxiàn dàbā　直行バス

学習のポイント

Point

1 助動詞 "想" 🔊101

| "想" ＋動詞 | 「～したい」 |

你 想 去 哪儿?　　　　　　　　—— 我 想 去 大阪。
Nǐ xiǎng qù nǎr?　　　　　　　　Wǒ xiǎng qù Dàbǎn.

你 想 回家 吗?　　　　　　　　—— 我 不 想 回家。
Nǐ xiǎng huíjiā ma?　　　　　　　Wǒ bù xiǎng huíjiā.

| "要" ＋動詞 | 「～する必要がある（～したい、～しなければならない)」 |

你 想 不 想 吃 拉面?　　　　　—— 我 要 减肥, 不想 吃 拉面。
Nǐ xiǎng bu xiǎng chī lāmiàn?　　Wǒ yào jiǎnféi, bù xiǎng chī lāmiàn.

你 想 不 想 去 看 电影?　　　—— 我 要 打工, 不 能 去。
Nǐ xiǎng bu xiǎng qù kàn diànyǐng?　Wǒ yào dǎgōng, bù néng qù.

▶ "要" は「意志」を表す時、「～したい」と訳すことが多い。「願望」を表す "想" より気持ちが強く、必要性も高い。

ちょいとれ 🖊 日本語の意味にあうように、( ) に適切な語を入れましょう。

1) あなたはアメリカへ留学に行きたいですか。 —— はい、行きたいです。

你 想 不 想 (　　　　　　　　)?　　　想, 我 (　　　　　　　　)。
Nǐ xiǎng bu xiǎng (　　　　　　　)?　　　Xiǎng, wǒ (　　　　　　　).

2) 明日あなたはどんな予定ですか。 —— 明日私は病院に行かなければならない。

明天 你 (　　　　　　　　)?　　　明天 我 (　　　　　　　　)。
Míngtiān nǐ (　　　　　　　)?　　　Míngtiān wǒ (　　　　　　　)。

2 選択疑問文

| 動詞句 ＋ "还是" ＋動詞句 | 「～、それとも～」 |

你 喝 咖啡 还是 喝 红茶?　—— 我 喝 红茶。
Nǐ hē kāfēi háishi hē hóngchá?　　Wǒ hē hóngchá.

他 是 美国人 还是 英国人?　—— 他 是 美国人。　▶動詞が "是" の場合後の句に "是" は不要。
Tā shì Měiguórén háishi Yīngguórén?　Tā shì Měiguórén.

ちょいとれ 🖊 日本語の意味にあうように、( ) に適切な語を入れましょう。

あなたはラーメンを食べますか、それとも餃子を食べますか？ 　—私は餃子を食べます。

你 吃 拉面 (　　　　) 吃 饺子?　　　　　　我 (　　　　　　　　)。
Nǐ chī lāmiàn (　　　) chī jiǎozi?　　　　Wǒ (　　　　　　　).

新出語句

拉面 lāmiàn 名ラーメン　　要 yào 助動～する必要がある　　减肥 jiǎnféi 動ダイエットする
喝 hē 動飲む　　咖啡 kāfēi 名コーヒー　　还是 háishi 接それとも　　红茶 hóngchá 名紅茶

3 比較

A ＞ B | A＋"比"＋B＋形容詞＋（どれだけの量） | 「A は B より（どれだけ）〜だ」

飞机 比 新干线 快。　　　　　飞机 比 新干线 快 两 个 小时。
Fēijī bǐ Xīngànxiàn kuài .　　　Fēijī bǐ Xīngànxiàn kuài liǎng ge xiǎoshí.

香港 比 大阪 热 一点儿。
Xiānggǎng bǐ Dàbǎn rè yìdiǎnr.

A ＜ B | A＋"没有"＋B＋形容詞 | 「A は B ほど〜ではない」

上海 没有 札幌 冷。
Shànghǎi méiyǒu Zháhuǎng lěng.

A ＝ B | A＋"和 / 跟"＋B＋"一样"＋（形容詞） | 「A は B と同じく〜だ」

汉语 和 英语 一样 难。
Hànyǔ hé Yīngyǔ yíyàng nán.

ちょいとれ ✐ 日本語の意味にあうように、（ ）に適切な語を入れましょう。

1) あなたは彼より年上ですか。　　　　　—— 私は彼より2歳年上です。

你（ 　　 ）他 大 吗?　　　　　　　我（ 　　　　　　　　　）。
Nǐ （ 　　 ） tā dà ma?　　　　　　　Wǒ （ 　　　　　　　　　） .

2) 大山君はマイケルより背が高いですか。　—— 大山君はマイケルほど背が高くありません。

大山（ 　　 ）麦克（ 　　 ）吗?　　　大山（ 　　　　　　　　）高。
Dàshān （ 　　 ） Màikè （ 　　 ） ma?　　Dàshān （ 　　　　　　　） gāo.

3) 今日は寒い？それとも昨日が寒い？　　—— 今日は昨日と同じくらい寒いです。

今天冷（ 　　　　　　　）昨天冷?　　今天（ 　　　　　　　）冷。
Jīntiān lěng （ 　　　　　） zuótiān lěng?　Jīntiān （ 　　　　　　） lěng.

4 語気助詞 "吧" のまとめ

咱们 一起 去 逛街 吧。　　　　　　　　[勧誘・提案] 〜ましょう
Zánmen yìqǐ qù guàngjiē ba.

你 快 来 吧。　　　　　　　　　　　　[軽い命令] 〜してください
Nǐ kuài lái ba.

今天 是 你 的 生日 吧?　　　　　　　　[推量] 〜でしょう
Jīntiān shì nǐ de shēngrì ba?

新 出 語 句

比 bǐ 前 〜より　　热 rè 形 暑い　　一点儿 yìdiǎnr 少し　　冷 lěng 形 寒い　　跟 gēn 前 〜と
一样 yíyàng 形 同じだ　　快 kuài 副 早く

大山： **你 有 什么 爱好?**
Nǐ yǒu shénme àihào?

李莉： **我 喜欢 旅游，你 呢?**
Wǒ xǐhuan lǚyóu,　nǐ ne?

大山： **我 跟 你 一样，我 也 喜欢 旅游。**
Wǒ gēn nǐ yíyàng,　wǒ yě xǐhuan lǚyóu.

李莉： **下次 我 要 去 看看 大阪 的 环球影城。**
Xiàcì wǒ yào qù kànkan Dàbǎn de Huánqiú yǐngchéng.

大山： **我 也 想 去，下星期 小长假 一起 去 吧。**
Wǒ yě xiǎng qù,　xiàxīngqī xiǎochángjià yìqǐ qù ba.

李莉： **好 啊。**
Hǎo a.

大山： **咱们 坐 飞机 去 还是 坐 新干线 去?**
Zánmen zuò fēijī　qù　háishi　zuò Xīngànxiàn qù?

李莉： **飞机 比 新干线 便宜。不过 飞机 没有 新干线 方便。**
Fēijī bǐ Xīngànxiàn piányi.　Búguò　fēijī　méiyǒu Xīngànxiàn fāngbiàn.

大山： **对 我 来说，便宜 更 重要。**
Duì wǒ láishuō,　piányi gèng zhòngyào.

李莉： **那 咱们 坐 飞机 去 吧。**
Nà zánmen zuò　fēijī　qù ba.

新出語句

爱好 àihào 名趣味　喜欢 xǐhuan 動好きだ　下次 xiàcì 今度

环球影城 Huánqiú yǐngchéng 名ユニバーサル・スタジオ　下星期 xiàxīngqī 名来週

啊 a 助～ね、～よ　新干线 Xīngànxiàn 名新幹線　便宜 piányi 形安い　方便 fāngbiàn 形便利だ

对～来说 duì ～ láishuō ～にとって　那 nà 接それでは

総合練習

1　[リスニング]　質問を書きとってから会話3の内容に基づいて答えましょう。

1) _____? _____

2) _____? _____

3) _____? _____

4) _____? _____

2　[ ]から必要な語だけを使って日本語の意味に合うように作文し、ピンインも付けましょう。

1) 兄は弟より二歳年上です。

　　[哥哥　弟弟　比　大　小　二　両　岁　。]

2) 東京は夏が上海ほど熱くない。

　　[东京　上海　夏天　比　没有　不　热　。]

3) 大山君は飛行機に乗って大阪へ旅行に行きたがっています。

　　[大山　飞机　坐　想　旅游　去　大阪　会　骑　。]

3　[口頭発表]　何をしに行きたいか、どうやって行くかについての会話をする。 ◀)) 104

例　◎寒假我想去 冲绳旅游 。　　　　　　—— 你想怎么去?
　　　Hánjià wǒ xiǎng qù Chōngshéng lǚyóu.　　Nǐ xiǎng zěnme qù?

　　◎我想 坐飞机 去。　　　　　　　—— 坐飞机 去 很方便。
　　　Wǒ xiǎng zuò fēijī qù.　　　　　Zuò fēijī qù hěn fāngbiàn.

補　充　練　習

対応する中国語の簡体字とピンインを書きましょう。　　　　　　　　　　　🔊 105

	日本語	中国語	ピンイン
1	計画		
2	街をぶらぶらする		
3	〜したい		
4	も		
5	今日		
6	週末		
7	小型連休		
8	冬休み		
9	夏休み		
10	温泉に入る		
11	スキーをする		
12	映画を見る		
13	留学に行く		
14	両親に会う		
15	車を運転する		
16	どのように		
17	歩く		
18	新幹線に乗る		
19	飛行機に乗る		
20	地下鉄に乗る		
21	私より		
22	2歳年上		
23	それとも		
24	趣味		
25	好きだ		
26	便利だ		

106

	日本語	中国語
1	今日はどんなご予定ですか。	
2	私は街をぶらぶらしたいです。	
3	私も行きたいです。	
4	じゃ、一緒に行きましょう。	
5	週末に私は温泉に行きたいです。	
6	冬休みにスキーに行きたいです。	
7	夏休みに留学に行きたいです。	
8	あなたはどうやって行きたいですか。	
9	歩いて行きたいです。	
10	小型連休に車で親に会いに行きたいです。	
11	兄は私より2歳年上です。	
12	私たちは飛行機に乗って行きますか、それとも新幹線に乗って行きますか。	
13	飛行機は新幹線ほど便利ではないです。	
14	肉まんは餃子と同じように美味しいです。	
15	あなたの趣味は何ですか。	
16	私は映画を見るのが好きです。あなたは？	
17	私は車を運転するのが好きです。	
18	彼は飛行機に乗るのが好きではない。	
19	地下鉄に乗って行くのはとても便利です。	

第8課

 しゃんべんのつぶやき　　　　"月亮上的兔子" yuèliangshang de tùzi

日本の場合、月にいるウサギは餅をついていますが、中国では楽臼をついています。また不老不死の薬を盗み飲みした嫦娥がガマガエルに姿を変えて月に登ったので、月にはガマガエルがいるという伝説もあります。

65

第9课　我看了一部电影。

会話 1 ◀)) 108

林浩：小长假你过得怎么样？ — Xiǎochángjià nǐ guò de zěnmeyàng?

李莉：我过得很好。 — Wǒ guò de hěn hǎo.

　　　我看了一部电影。你呢？ — Wǒ kànle yí bù diànyǐng. Nǐ ne?

林浩：我也过得很好。 — Wǒ yě guò de hěn hǎo.

　　　我学了两个半小时汉语。 — Wǒ xuéle liǎng ge bàn xiǎoshí Hànyǔ.

絵 を見て話そう　何をして過ごしたか ◀)) 109

①
买自行车（一辆）
mǎi zìxíngchē (yí liàng)

②
烤蛋糕（两个）
kǎo dàngāo (liǎng ge)

③
做饭（三顿）
zuòfàn (sān dùn)

④
回老家（一趟）
huí lǎojiā (yí tàng)

⑤
听音乐会（一场）
tīng yīnyuèhuì (yì chǎng)

⑥
学汉语（两个半小时）
xué Hànyǔ
(liǎng ge bàn xiǎoshí)

⑦
写报告（一篇）
xiě bàogào (yì piān)

⑧
跑（十公里）
pǎo (shí gōnglǐ)

独話　何をしたかを言う。 ◀)) 110

例　我 买 了 一辆自行车 。 — Wǒ mǎile yí liàng zìxíngchē.

対話　休みの日に何をしたのかを尋ねる、答える。

例　A：小长假你过得怎么样？ — Xiǎochángjià nǐ guò de zěnmeyàng?

　　B：我过得很好。 — Wǒ guò de hěn hǎo.

　　　　我 烤 了 两个蛋糕 。 — Wǒ kǎole liǎng ge dàngāo.

◀)) 107

新出語句

过 guò 動 過ごす　部 bù 量 （映画）〜本　学 xué 動 勉強する

会話 2

◀) 111

大山: 今天你怎么没来上课？　　　　Jīntiān nǐ zěnme méi lái shàngkè?

李莉: 我肚子疼，请假了。　　　　　Wǒ dùzi téng, qǐngjià le.

大山: 你去医院了吗？　　　　　　　Nǐ qù yīyuàn le ma?

李莉: 去了，也吃药了。　　　　　　Qù le, yě chī yào le.

大山: 请多多保重啊！　　　　　　　Qǐng duōduō bǎozhòng a!

絵 を見て話そう　　**症状**　　◀) 112

①

牙疼
yáténg

②

嗓子疼
sǎngzi téng

③

头疼
tóuténg

④

胃疼
wèiténg

⑤

拉肚子了
lā dùzi le

⑥

眼睛肿了
yǎnjing zhǒng le

⑦

发烧了
fāshāo le

⑧

骨折了
gǔzhé le

独話　　病欠の理由を説明する。　　　　　　　　　　　　◀) 113

例　今天我 牙疼 ，没去上课。　　Jīntiān wǒ yá téng, méi qù shàngkè.

対話　　授業に来なかった理由を尋ねる、答える。

例　A：你怎么没来上课？　　　　Nǐ zěnme méi lái shàngkè?

　　B：我 嗓子疼 ，请假了。　　Wǒ sǎngzi téng, qǐngjià le.

　　A：请多多保重啊！　　　　　Qǐng duōduō bǎozhòng a!

新 出 語 句

怎么 zěnme 代 どうして　　肚子 dùzi 名 おなか　　疼 téng 形 痛い　　请假 qǐngjià 動 休みを取る
吃药 chī yào 薬を飲む　　请多多保重 qǐng duōduō bǎozhòng どうぞお大事に

Point 学習のポイント

1 「完了」を表す "了" 「〜した」 🔊 114

| 動詞 + "了" + 修飾語 + 目的語 |

我 吃了 两 个 包子。
Wǒ chīle liǎng ge bāozi.

我 买了 一 台 电脑。
Wǒ mǎile yì tái diànnǎo.

| 動詞 + 目的語 + "了" |

我 吃饭 了。
Wǒ chīfàn le.

你 吃饭 了 吗?　　　—— 我 没 (有) 吃饭。
Nǐ chīfàn le ma?　　　　Wǒ méi (yǒu) chīfàn.

▶否定は "没 (有)" を使い、"了" はつけない。

ちょいとれ 日本語の意味にあうように、( ) に適切な語を入れましょう。

1) あなたは本を何冊買いましたか。　　　　　　　　—— 私は本を二冊買いました。

你 (　　　　　　　　　　)?　　　　　　　我 (　　　　　　　　　　)。

Nǐ (　　　　　　　　　　)?　　　　　　　Wǒ (　　　　　　　　　　).

2) あなたは薬を飲みましたか。　　　　　　　　　　—— 私は薬を飲んでいません。

你 (　　　　　　　　) 吗?　　　　　　　我 (　　　　　　　　　　)。

Nǐ (　　　　　　　　) ma?　　　　　　　Wǒ (　　　　　　　　　　).

2 「変化」を表す "了" 「〜なった」

你 多大 了?　　　　　我 十九 岁 了。　　　　下雨了。
Nǐ duōdà le?　　　　　Wǒ shíjiǔ suì le.　　　　Xiàyǔ le.

我 饿 了。　　　　　　已经 九 点 了。　　　　我 不 去 了。
Wǒ è le.　　　　　　　Yǐjīng jiǔ diǎn le.　　　　Wǒ bú qù le.

▶ "了" が一つだけの文と二つある文とを比較しましょう。

我 学了 一 年 汉语。　　　　　　　私は一年間中国語を勉強した。[今は習っていない]
Wǒ xuéle yì nián Hànyǔ.

我 学了 一 年 汉语 了。　　　　　　私は中国語を勉強して一年になった。[今も継続中]
Wǒ xuéle yì nián Hànyǔ le.

ちょいとれ 日本語の意味にあうように、( ) に適切な語を入れましょう。

今何時になりましたか。　　　　　　　　　　—— もう 12 時になりました。

现在 (　　　　　　　　)?　　　　　　　已经 (　　　　　　　　　　)。

Xiànzài (　　　　　　　　)?　　　　　　　Yǐjīng (　　　　　　　　　　).

新出語句

多大 duōdà (年齢) いくつ　　岁 suì 量 〜歳　　下雨 xiàyǔ 動 雨が降る
饿 è 形 お腹が空いている　　已经 yǐjīng 副 すでに

3 時量補語・動量補語

主語＋動詞＋時量／動量＋（目的語）	「どのくらいの時間／何回〜する」

你 坐了 多长 时间 火车?　　　　　—— 我 坐了 四 个 小时 火车。
Nǐ zuòle duōcháng shíjiān huǒchē?　　Wǒ zuòle sì ge xiǎoshí huǒchē.

请 再 说 一 遍。
Qǐng zài shuō yí biàn.

你 每周 打 几 次 工?　　　　　　—— 我 每周 打 三 次 工。
Nǐ měi zhōu dǎ jǐ cì gōng?　　　　Wǒ měi zhōu dǎ sān cì gōng.

▶ "睡觉、打工、放假、上课、洗澡" のような「動詞＋目的語」で構成されている動詞を「離合詞」という。
動作に関する「時量」や「動量」を表す語は離合詞の二文字の間に割って入れる。

ちょいとれ 日本語の意味にあうように、（　）に適切な語を入れましょう。

1) あなたは香港へ何日間行っていたのですか。　—— 私は香港へ六日間行っていました。
你 （　　　　　） 香港?　　　　　　我 （　　　　　） 香港。
Nǐ （　　　　　） Xiānggǎng?　　　　Wǒ （　　　　　） Xiānggǎng.

2) あなたは毎日どのくらいの時間中国語を勉強しますか。—— 私は毎日２時間中国語を勉強します。
你 每天 学习 （　　　　　） 汉语?　　我 每天 学习 （　　　　　） 汉语。
Nǐ měi tiān xuéxí （　　　　　） Hànyǔ?　Wǒ měi tiān xuéxí （　　　　　） Hànyǔ.

4 "快（要）〜了" 近い未来「もうすぐ〜になる」

快要 放 寒假 了。　　　　　快 没有 电车 了。
Kuàiyào fàng hánjià le.　　　Kuài méiyǒu diànchē le.

ちょいとれ 日本語の意味にあうように、（　）に適切な語を入れましょう。

1) 彼は間もなく帰国します。
他 （　　　　　） 回国 （　　　　　）。
Tā （　　　　　） huí guó （　　　　　）.

2) ４時になったから、もうすぐ授業がおわります。
四点 （　　　　），（　　　　　） 下课 （　　　　　）。
Sì diǎn （　　　　），（　　　　　） xiàkè （　　　　　）.

新出語句

火车 huǒchē 名汽車、列車　　请 qǐng 動〜してください　　再 zài 副再び　　遍 biàn 量〜回
每周 měi zhōu 毎週　　次 cì 量〜回　　快（要）〜了 kuài (yào) 〜 le もうすぐ〜になる
电车 diànchē 名電車　　放寒假 fàng hánjià 冬休みになる　　回国 huí guó 動帰国する

第9課

69

林浩: **你 住院 住了 多长 时间 了?**
Nǐ zhùyuàn zhùle duōcháng shíjiān le?

麦克: **我 已经 出院 了, 我 一共 住了 十 天。**
Wǒ yǐjīng chūyuàn le, wǒ yígòng zhùle shí tiān.

林浩: **真的? 你 的 腿 不 是 骨折 了 吗? 已经 好 了 吗?**
Zhēnde? Nǐ de tuǐ bú shì gǔzhé le ma? Yǐjīng hǎo le ma?

麦克: **还 没有 完全 好, 但是 可以 慢慢 走路 了。**
Hái méiyǒu wánquán hǎo, dànshì kěyǐ mànmàn zǒulù le.

林浩: **那 太 好 了!**
Nà tài hǎo le!

麦克: **快要 考试 了, 我 有点儿 着急。**
Kuàiyào kǎoshì le, wǒ yǒudiǎnr zháojí.

林浩: **别 担心。咱们 一起 复习 吧。**
Bié dānxīn. Zánmen yìqǐ fùxí ba.

麦克: **你 真 好!**
Nǐ zhēn hǎo!

林浩: **你 什么 时候 能 来 上课?**
Nǐ shénme shíhou néng lái shàngkè?

麦克: **我 明天 就 去。**
Wǒ míngtiān jiù qù.

新出語句

住院 zhùyuàn 動 入院する　　出院 chūyuàn 動 退院する　　一共 yígòng 副 合計で　　腿 tuǐ 名 足

还 hái 副 まだ　　完全 wánquán 副 完全に　　但是 dànshì 接 しかし　　慢慢 mànmàn 副 ゆっくり

考试 kǎoshì 動 試験を受ける　　有点儿 yǒudiǎnr 副 少し　　着急 zháojí 形 焦る　　别 bié 副 ～するな

担心 dānxīn 動 心配する　　什么时候 shénme shíhou いつ　　就 jiù 副 すぐに

🔊 116

1 リスニング → 質問を書きとってから、会話３の内容に基づいて答えましょう。

1) _____ ? _____

2) _____ ? _____

3) _____ ? _____

4) _____ ? _____

5) _____ ? _____

6) _____ ? _____

2 日本語の意味に合うように、単語を並べ替えてください。

1) 今日、あなたは朝ご飯を食べましたか。[早饭 你 吃 今天 了 吗 ？]

2) あなたは自転車に乗れるようになりましたか。[你 骑 自行车 会 吗 了 ？]

3) 札幌から函館まで汽車に４時間乗りました。

[从 到 札幌 函馆 坐 火车 小时 了 个 四 。]

3 口頭発表 → 自分の週末の過ごし方を発表しましょう。 🔊 117

例 1 ◎我周末过得很好。 —— 你做什么了？
Wǒ zhōumò guò de hěn hǎo　Nǐ zuò shénme le?

◎我 买了一辆自行车 。 —— 买了一辆自行车 吗？太好了！
Wǒ mǎi le yí liàng zìxíngchē.　Mǎi le yí liàng zìxíngchē ma? Tài hǎo le!

2 ◎周末我过得不太好。 —— 你怎么了？
Zhōumò wǒ guò de bú tài hǎo.　Nǐ zěnme le?

◎我 发烧了 。 —— 发烧了 吗？多多保重啊！
Wǒ fāshāo le.　Fāshāo le ma? Duōduō bǎozhòng a!

補 充 練 習

対応する中国語の簡体字とピンインを書きましょう。　◀)) 118

	日本語	中国語	ピンイン
1	過ごす		
2	学ぶ		
3	買う		
4	一台の自転車		
5	三食のごはん		
6	一往復		
7	実家に帰る		
8	書く		
9	一本のレポート		
10	走る		
11	10 キロメートル		
12	なんで		
13	来なかった		
14	授業を受ける		
15	お腹が痛い		
16	休みを取る		
17	薬を飲む		
18	お大事に		
19	骨折した		
20	入院した		
21	10 日間入院した		
22	(年齢) いくつ		
23	19 歳		
24	何時		
25	もうすぐ〜になる		

瞬訳トレーニング

🔊 119

	日本語	中国語
1	小型連休はいかがお過ごしでしたか。	
2	良い時間を過ごしました。あなたは？	
3	私もなかなか良かったです。	
4	私は中国語を二時間半勉強しました。	
5	私は自転車を一台買いました。	
6	ご飯を三食作りました。	
7	実家に一度帰ってきました。	
8	ジョギングを10km しました。	
9	レポートを一本書きました。	
10	なんで授業に来なかったんですか。	
11	お腹が痛くて、休みをもらいました。	
12	病院に行きましたか。	
13	行きました。薬も飲みました。	
14	お大事にね。	
15	彼は骨折して入院しました。	
16	私は 10 日間入院しました。	
17	あなたは何歳になりましたか。	
18	私は 19 歳になりました。	
19	今何時になりましたか。	
20	もうすぐ 9 時になります。	
21	私は中国語を学んで一年になりました。	

第9課

 しゃんべんのつぶやき　　"科幻小说" kēhuàn xiǎoshuō

中国でも SF 小説が流行っています。日本で大人気になったのが劉慈欣『三体』。複数ドラマ化されているので見たことがある人もいるでしょう。迫り来る三体星人、物理を封じられた地球人。複雑な人間関係の中、それでも諦めずに精一杯努力する人物たちが印象に残ります。

第**10**课　要把充电宝拿出来。

会話**1**

🔊 121

李莉：过安检时，要把充电宝拿出来。　Guò ānjiǎn shí, yào bǎ chōngdiànbǎo ná chulai.

大山：是吗，打火机也要拿出来吧？　Shì ma, dǎhuǒjī yě yào ná chulai ba?

李莉：打火机不能带进去。　Dǎhuǒjī bù néng dài jinqu.

★次の表の空所を埋めて、発音しましょう。　🔊 122

	上 shàng	下 xià	进 jìn	出 chū	回 huí	过 guò	起 qǐ
来 lái	上来 shànglái						
去 qù	上去 shàngqù						×

★（　）に方向補語を入れて、イラストを説明しましょう。　🔊 123

①
走 zǒu（歩く）

②
飞 fēi（飛ぶ）

③
开 kāi（運転する）

④
站 zhàn（立つ）

⑤
拿 ná（取る）

⑥
放 fàng（置く）

① 爸爸走　（　　　　）　　　bàba zǒu　　（　　　　　）
② 蝴蝶飞　（　　　　）　　　húdié fēi　　（　　　　　）
③ 汽车开　（　　　　）　　　qìchē kāi　　（　　　　　）
④ 宝宝站　（　　　　）　　　bǎobao zhàn　（　　　　　）
⑤ 学生把课本拿（　　　　）　　xuésheng bǎ kèběn ná（　　　　　）
⑥ 职员把书放　（　　　　）　　zhíyuán bǎ shū fàng（　　　　　）

🔊 120

新出語句

过 guò 動 通過する　　安检 ānjiǎn 名 セキュリティチェック　　时 shí 名 時　　把 bǎ 前 〜を
充电宝 chōngdiànbǎo 名 モバイルバッテリー　　拿 ná 動 手に取る（拿出来　取り出す）
打火机 dǎhuǒjī 名 ライター　　带 dài 動 携帯する、持つ（带进去　持ちこむ）

大山：糟糕！	Zāogāo!
李莉：怎么了？	Zěnme le?
大山：前边修路，汽车开不过去了。	Qiánbian xiū lù, qìchē kāi bu guòqù le.
李莉：从这条小路绕过去吧。	Cóng zhè tiáo xiǎolù rào guoqu ba.
大山：好吧。	Hǎo ba.

第10课

絵 を見て話そう　困ったこと 🔊125

①

没带钥匙进不去
méi dài yàoshi jìnbuqù

②
外边刮台风出不去
wàibian guā táifēng chūbuqù

③

丢了护照回不去
diūle hùzhào huíbuqù

④
脚麻了站不起来
jiǎo má le zhàn bu qǐlái

⑤
太小了穿不进去
tài xiǎo le chuān bu jìnqù

⑥
太高了跳不过去
tài gāo le tiào bu guòqù

対処法 🔊126

a 去咖啡店等妈妈吧。
　Qù kāfēidiàn děng māma ba.

b 别放弃，加油！
　Bié fàngqì, jiāyóu!

c 快联系大使馆吧。
　Kuài liánxì dàshǐguǎn ba.

d 在家里玩儿游戏吧。
　Zài jiāli wánr yóuxì ba.

e 先慢慢活动一下。
　Xiān mànmàn huódòng yíxià.

f 换一双大的吧。
　Huàn yì shuāng dà de ba.

独話　①～⑥の順で困った状況を説明しましょう。

対話　Aは困ったことを言って、Bは対処法を提案しましょう。

新出語句

糟糕 zāogāo 形 しまった、まずい　　前边 qiánbian 名 前方　　修路 xiū lù 動 道路工事をする
条 tiáo 量 ～本　　小路 xiǎolù 名 こみち　　绕 rào 動 回り道をする
咖啡店 kāfēidiàn 名 喫茶店　　放弃 fàngqì 動 放棄する、あきらめる　　加油 jiāyóu 動 頑張る
大使馆 dàshǐguǎn 名 大使館　　联系 liánxì 動 連絡する　　活动 huódòng 動 体を動かす
一下 yíxià ちょっと（する）　　换 huàn 動 替える　　双 shuāng 量 ～足

Point **学習のポイント**

1 方向補語

| 主語 + 動詞 + 方向補語（方向動詞） | ▶動作の方向を表す。 |

方向動詞一覧

	上 shàng	下 xià	进 jìn	出 chū	回 huí	过 guò	起 qǐ
来 lái	上がってくる	降りてくる	入ってくる	出てくる	帰ってくる	やってくる	起きてくる
去 qù	上がっていく	降りていく	入っていく	出ていく	帰っていく	通っていく	×

単純方向補語と複合方向補語

◀)) 127

主語	動詞述語	方向補語	
老师	来		了。
老师	进 ◎	来	了。
老师	走	进 ◎来	了。

▶◎は場所目的語の位置を示す。

老师 进 教室 来 了。
Lǎoshī jìn jiàoshì lai le.

老师 走 进 教室 来 了。
Lǎoshī zǒu jin jiàoshì lai le.

ちょいとれ 🖉 ［ ］の中から必要な語だけを使って訳しましょう。一語の複数回利用可。

彼女が来た。　　　　　　　　　（　　　　　　　　　　　　　）

彼女が帰ってきた。　　　　　　（　　　　　　　　　　　　　）

彼女が家に帰ってきた。　　　　（　　　　　　　　　　　　　）

彼女が走って家に帰ってきた。　（　　　　　　　　　　　　　）

［ 她　　家　　来　　回　　去　　了　　走　　跑　　。］
　　tā　　jiā　　lái　　huí　　qù　　le　　zǒu　　pǎo

76

2 可能補語（1） 128

| 動詞＋"得 / 不"＋方向補語 | 「～できる / できない」 |

你 今天 回得来 吗?　　　　　　　── 我 今天 回不来。
Nǐ jīntiān huídelái ma?　　　　　　　Wǒ jīntiān huíbulái.

那 座 山 不 太 高,　我 爬 得 上去。　车站 太 远 了, 我 走 不 过去。
Nà zuò shān bú tài gāo,　wǒ pá de shàngqù.　Chēzhàn tài yuǎn le, wǒ zǒu bu guòqù.

ちょいとれ 日本語の意味にあうように、（ ）に適切な語を入れましょう。

1)　あなたはチケットがないけど、入って行けますか。　2)　私はチケットがないので、入れない。

你 没有 票,（　　　　　　　　 ）吗?　　　我 没有 票,（　　　　　　　　　 ）。
Nǐ méiyǒu piào,（　　　　　　 ） ma?　　　Wǒ méiyǒu piào,（　　　　　　　 ）.

3 前置詞 "把～"「～を」 目的語を動詞の前に引き出し、それをどう処置するかを表す。

| 主語＋"把"＋目的語＋動詞＋付加成分 | 「～を…する」 ▶目的語は特定のもの。 |

你 把 那 本 书 带来 了 吗?　　　 我 没 把 那 本 书 带来。　▶"没" は "把" の前。
Nǐ bǎ nà běn shū dàilai le ma?　　Wǒ méi bǎ nà běn shū dàilai.

你 把 水果 放进 冰箱里 吧。　　　 你 把 这 件 事 忘了 吧。
Nǐ bǎ shuǐguǒ fàngjin bīngxiāngli ba.　Nǐ bǎ zhè jiàn shì wàngle ba.

ちょいとれ 日本語の意味にあうように、（ ）に適切な語を入れましょう。

1)　携帯電話を取り出してください。　2)　ケーキを冷蔵庫に入れてください。

请（　　　　　　　　 ）拿出来。　　你（　　　　　　　　 ）放进冰箱里吧。
Qǐng（　　　　　　　 ） ná chulai.　　Nǐ（　　　　　　　 ） fàngjin bīngxiāngli ba.

4 前置詞 "给～"「～に」

我 今天 晚上 给 你 打 电话。　　我 想 给 她 买 一 件 礼物。
Wǒ jīntiān wǎnshang gěi nǐ dǎ diànhuà.　Wǒ xiǎng gěi tā mǎi yí jiàn lǐwù.

ちょいとれ 日本語の意味にあうように、（ ）に適切な語を入れましょう。

私は昨日彼にメールを一通送りました。

我 昨天（　　　　　　 ）发（　　　 ）一 封 电子邮件。
Wǒ zuótiān（　　　　　 ） fā（　　　 ） yì fēng diànzǐ yóujiàn.

新 出 語 句

座 zuò 量山や建物を数える　　山 shān 名山　　车站 chēzhàn 名駅　　远 yuǎn 形遠い

水果 shuǐguǒ 名果物　　放 fàng 動置く　　冰箱 bīngxiāng 名冷蔵庫

件 jiàn 量事柄、器物などを数える　　事 shì 名事、用件　　忘 wàng 動忘れる

打电话 dǎ diànhuà 電話をかける　　发电子邮件 fā diànzǐ yóujiàn メールを送信する　　封 fēng 量〜通

李莉：你 知道 吗？ 这 是 日本 最 大 的 滑雪 场！
Nǐ zhīdào ma?　Zhè shì Rìběn zuì dà de huáxuě chǎng!

麦克：太棒 了！ 咱们 坐 缆车 上去， 一口气 滑 下来 一定 很 开心！
Tài bàng le! Zánmen zuò lǎnchē shàngqu, yìkǒuqì huá xialai　yídìng hěn kāixīn!

李莉：我 担心 上得去 下不来。
Wǒ dānxīn shàngdequ xiàbulái.

大山：林浩， 你 跟 麦克 上去 滑 吧。 我 陪 李莉 在 下边 练习。
Lín Hào, nǐ gēn Màikè shàngqu huá ba.　Wǒ péi Lǐ Lì zài xiàbian liànxí.

林浩：那好。 你 滑 得 最 棒， 你 教 李莉 滑 吧。
Nà hǎo.　Nǐ huá de zuì bàng,　nǐ jiāo Lǐ Lì huá ba.

林浩：李莉 滑 得 很 好 了， 学 得 真 快！
Lǐ Lì　huá de hěn hǎo le,　xué de zhēn kuài!

麦克：咱们 都 上去 滑 吧。
Zánmen dōu shàngqu huá ba.

李莉：我 行 吗？
Wǒ xíng ma?

大山：没 问题。 我 给 你 拍 个 视频， 你 给 朋友们 秀 一 秀。
Méi wèntí.　Wǒ gěi　nǐ　pāi ge shìpín,　nǐ gěi péngyoumen xiù yi xiù.

知道 zhīdào 動知っている　滑雪场 huáxuě chǎng 名スキー場　缆车 lǎnchē 名リフト、ゴンドラ
滑 huá 動滑る　一定 yídìng 副きっと　开心 kāixīn 形楽しい、愉快だ　练习 liànxí 動練習する
陪 péi 動付き添う　行 xíng 形よい　没问题 méi wèntí 大丈夫だ　拍 pāi 動撮影する
视频 shìpín 名動画　秀 xiù 動見せる、show の音訳

🔊 130

1 リスニング 表の中の単語を確認してから音声を聞いて文を完成し、訳しましょう。

| 请 把 Qǐng bǎ | 手机 shǒujī 课本 kèběn 笔袋 bǐdài 铅笔 qiānbǐ 眼镜 yǎnjìng 手表 shǒubiǎo 钱包 qiánbāo 书包 shūbāo 橡皮 xiàngpí 手 shǒu | 拿 ná 放 fàng 举 jǔ（挙げる） 戴 dài（身につける） 摘 zhāi（摘み取る、外す） | 上 shàng 下 xià 进 jìn 出 chū 回 huí 过 guò 起 qǐ | 来 lái 去 qù |

1) 请把（　　　　　）拿（　　　　　）。　訳：（　　　　　　　　　）

2) 请把手机（　　　　　）。　　　　　　訳：（　　　　　　　　　）

3) 请把笔袋从（　　　）里（　　　）。　訳：（　　　　　　　　　）

4) （　　　　　　　　　　　　　）。　　訳：（　　　　　　　　　）

5) 请把（　　　）放（　　　）（　　　）里。　訳：（　　　　　　　）

6) 请把（　　　　）举（　　　　　）。　　訳：（　　　　　　　　）

7) （　　　　　　）戴（　　　　　）。　　訳：（　　　　　　　　）

8) （　　　　　　）摘（　　　　　）。　　訳：（　　　　　　　　）

9) （　　　　　　　　　　　　　）。　　訳：（　　　　　　　　）

10) （　　　　　　　　　　　　　）。　　訳：（　　　　　　　　）

2 ペア練習 一人が指示を出し、もう一人が指示に従って動きましょう。

1) 请把○○从○○里拿出来。　　　Qǐng bǎ ○○ cóng ○○ li ná chulai.
　 请把○○放回○○里去。　　　　Qǐng bǎ ○○ fàng hui ○○ li qu.

2) 请把○○拿过来。　　　　　　　Qǐng bǎ ○○ ná guolai.
　 请把○○拿回去。　　　　　　　Qǐng bǎ ○○ ná huiqu.

3) 请把○○举起来。　　　　　　　Qǐng bǎ ○○ jǔ qilai.
　 请把○○放下。　　　　　　　　Qǐng bǎ ○○ fàngxia.

4) 请把○○摘下来。　　　　　　　Qǐng bǎ ○○ zhāi xialai.
　 请把○○戴上。　　　　　　　　Qǐng bǎ ○○ dài shang.

第 10 課

対応する中国語の簡体字とピンインを書きましょう。　🔊 131

	日本語	中国語	ピンイン
1	セキュリティチェック		
2	通過する		
3	モバイルバッテリー		
4	ライター		
5	持ち込む		
6	取り出す		
7	〜を		
8	テキスト		
9	職員		
10	元の場所に戻す		
11	前方		
12	道路工事をする		
13	自動車		
14	(車が) 通れない		
15	この小道		
16	迂回していく		
17	外		
18	台風が吹く		
19	ゲームで遊ぶ		
20	足が痺れた		
21	立ち上がる		
22	履けない		
23	諦める		
24	するな		
25	頑張る		
26	〜に電話をする		
27	一つのプレゼント		

瞬訳トレーニング

🔊 132

	日本語	中国語
1	セキュリティチェックを通るとき、モバイルバッテリーを出してください。	
2	ライターも取り出す必要がありますか。	
3	ライターは持ち込めません。	
4	お父さんが歩いて下りてくる。	
5	学生が教科書を取り出す。	
6	職員は本をもとの場所に戻す。	
7	どうしましたか。	
8	前方は道路工事していて、車が通れません。	
9	この小道から迂回しましょう。	
10	外は台風が吹いていて出られない。	
11	家でゲームで遊びましょう。	
12	足が痺れて立ち上がれない。	
13	小さすぎて履けない。	
14	諦めないで、頑張って！	
15	私はあなたに電話をします。	
16	私は彼女に一つプレゼントを買いたい。	
17	彼は帰ってきました。	
18	彼は日本に帰ってきました。	
19	あなたはあの本を持ってきましたか。	
20	私はあの本を持ってこなかったです。	

 しゅんべんのつぶやき　　"中国茶" Zhōngguóchá

　一言で中国茶といっても、たくさんの種類があります。緑茶・黒茶・白茶…。ウーロン茶やジャスミン茶、プーアル茶など産地の特徴豊かな味わいと香りを楽しむことができます。また独特な飲み方「工夫茶」もあり、奥深い世界を楽しむことができます。

你学会了吗？

会話 1　◀)) 134

麦克：你在忙什么呢？　　　　　　　　Nǐ zài máng shénme ne?

李莉：我在学滑雪呢。　　　　　　　　Wǒ zài xué huáxuě ne.

麦克：学会了吗？　　　　　　　　　　Xuéhuì le ma?

李莉：还没学会，快学会了。　　　　　Hái méi xuéhuì, kuài xuéhuì le.

絵 を見て話そう　今やっていること　◀)) 135

①
找工作（找到）
zhǎo gōngzuò (zhǎodào)

②
写作业（写完）
xiě zuòyè (xiěwán)

③
做饭（做好）
zuòfàn (zuòhǎo)

④
擦玻璃（擦干净）
cā bōli (cā gānjìng)

⑤
查资料（查到）
chá zīliào (chádào)

⑥
洗衣服（洗完）
xǐ yīfu (xǐwán)

⑦
修电脑（修好）
xiū diànnǎo (xiūhǎo)

⑧
打扫房间（打扫干净）
dǎsǎo fángjiān (dǎsǎo gānjìng)

独話　「もうすぐ～だ」と言う。　◀)) 136

例　我快 找到工作 了。　　　　　　　Wǒ kuài zhǎodào gōngzuò le.

対話　例に做って会話しましょう。

例　A：你在忙什么呢？　　　　　　　Nǐ zài máng shénme ne?
　　B：我在 找工作 呢。　　　　　　　Wǒ zài zhǎo gōngzuò ne.
　　A：找到 了吗？　　　　　　　　　Zhǎodào le ma?
　　B：还没 找到 ，快 找到 了。　　　Hái méi zhǎodào, kuài zhǎodào le.

新 出 語 句　◀)) 133

在 zài 副 ～している　　忙 máng 動 忙しくする、取り組む　　会 huì 動 できる（学会 マスターする）

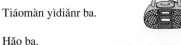

大山：速度有点儿快，听得懂吗？　　　Sùdù yǒudiǎnr kuài, tīngdedǒng ma?

李莉：听不懂。　　　　　　　　　　　Tīngbudǒng.

大山：调慢一点儿吧。　　　　　　　　Tiáomàn yìdiǎnr ba.

李莉：好吧。　　　　　　　　　　　　Hǎo ba.

[独話]　　　　　　　　　　　　[対話]　　　　　　　　　　　◀)) 138

菜 有点儿 多，吃不完。
Cài yǒudiǎnr duō, chībuwán.

A：菜 有点儿 多，吃得完 吗？
Cài yǒudiǎnr duō, chīdewán ma?
B：吃不完。
Chībuwán.
A：少 做 一点儿 吧。
Shǎo zuò yìdiǎnr ba.
B：好 吧。
Hǎo ba.

菜 有点儿 少，吃不饱。
Cài yǒudiǎnr shǎo, chībubǎo.

A：菜 有点儿 少，吃得饱 吗？
Cài yǒudiǎnr shǎo, chīdebǎo ma?
B：吃不饱。
Chībubǎo.
A：多 点 一点儿 吧。
Duō diǎn yìdiǎnr ba.
B：好 吧。
Hǎo ba.

音量 有点儿 小，听 不 清楚。
Yīnliàng yǒudiǎnr xiǎo, tīng bu qīngchu.

A：音量 有点儿 小，听 得 清楚 吗？
Yīnliàng yǒudiǎnr xiǎo, tīng de qīngchu ma?
B：听 不 清楚。
Tīng bu qīngchu.
A：调大 一点儿 吧。
Tiáodà yìdiǎnr ba.
B：好 吧。
Hǎo ba.

作业 有点儿 多，写不完。
Zuòyè yǒudiǎnr duō, xiěbuwán.

A：作业 有点儿 多，写得完 吗？
Zuòyè yǒudiǎnr duō, xiědewán ma?
B：写不完。
Xiěbuwán.
A：坚持 一下 吧。
Jiānchí yíxià ba.
B：好 吧。
Hǎo ba.

新 出 語 句

速度 sùdù 名 スピード　　听 tīng 動 聞く　　懂 dǒng 動 わかる　　调 tiáo 動 調節する　　慢 màn 形 遅い

菜 cài 名 食材、料理、おかず　　完 wán 動 終わる　　少 shǎo 形 少ない　　饱 bǎo 形 お腹がいっぱいだ

点 diǎn 動 注文する　　音量 yīnliàng 名 ボリューム　　清楚 qīngchu 形 はっきりしている

坚持 jiānchí 動 頑張り抜く

1 進行を表す副詞 "在" 「～している」 🔊 139

| 主語 ＋ "在" ＋ 動詞 （＋ 目的語） ＋ "呢" |

你 在 做 什么 呢?
Nǐ zài zuò shénme ne?

我 在 听 音乐 呢。
Wǒ zài tīng yīnyuè ne.

你 在 看 电视 吗?
Nǐ zài kàn diànshì ma?

我 没 （在） 看 电视, 我 在 玩儿 游戏。
Wǒ méi (zài) kàn diànshì,　wǒ zài wánr yóuxì.

2 結果補語 動作＋その結果

| 主語 ＋ 動詞 ＋ 結果補語 （動詞 / 形容詞） |

你 写好 论文 了 吗?
Nǐ xiěhǎo lùnwén le ma?

—— 我 写好 了。
Wǒ xiěhǎo le.

▶目的語が主題として文頭に置かれる形がよく見られる。

那 本 小说 你 看完 了 吗?
Nà běn xiǎoshuō nǐ kànwán le ma?

—— 我 还 没 看完。
Wǒ hái méi kànwán.

[よく使われる組み合わせ]

動詞 ＋ 懂	（分かる）	听懂 tīngdǒng	看懂 kàndǒng		
dǒng					
動詞 ＋ 到	（目的の到達）	听到 tīngdào	看到 kàndào	买到 mǎidào	做到 zuòdào
dào					
動詞 ＋ 完	（終わる）	看完 kànwán	说完 shuōwán	写完 xiěwán	
wán					
動詞 ＋ 好	（満足な状態になる）	做好 zuòhǎo	写好 xiěhǎo	学好 xuéhǎo	
hǎo					
動詞 ＋ 住	（定着する）	记住 jìzhù	停住 tíngzhù	抓住 zhuāzhù	
zhù					

ちょいとれ 日本語の意味にあうように、（ ） に適切な語を入れましょう。

1) あなたはお腹いっぱいになりましたか。 —— 私はお腹いっぱいになりました。

你 （ 　　　　 ） 了 吗?
Nǐ （ 　　　　 ） le ma?

我 （ 　　　　 ） 了。
Wǒ （ 　　　　 ） le.

新出語句

音乐 yīnyuè 名音楽　　电视 diànshì 名テレビ　　论文 lùnwén 名論文　　小说 xiǎoshuō 名小説
记 jì 動覚える　　停 tíng 動止まる　　抓 zhuā 動つかむ

2) あなたは航空券を買えましたか？　　　　── 私はまだ航空券を買えていません。

你（　　　　　　　）机票 了 吗?　　　　我 还（　　　　　　　　　　）机票。

Nǐ（　　　　　）jīpiào le ma?　　　　　　Wǒ hái（　　　　　　　　　　）jīpiào.

3) お母さん、晩御飯はできていますか。　　── まだできていません。もうすぐできます。

妈妈, 晚饭（　　　　　）了 吗?　　　　还（　　　　），快（　　　　）了。

Māma, wǎnfàn（　　　　）le ma?　　　　Hái（　　　），kuài（　　　）le.

3 可能補語（2）

| 動詞＋“得／不”＋結果補語 | 「～できる／できない」 |

你 听得懂 英语 吗?　　　　　　　── 我 听得懂 英语。
Nǐ tīngdedǒng Yīngyǔ ma?　　　　　Wǒ tīngdedǒng Yīngyǔ.

这么 多 生词, 你 记得住 吗?　　　　── 我 记不住。
Zhème duo shēngcí, nǐ jìdezhù ma?　　Wǒ jìbuzhù.

ちょいとれ ✏ 次の文を訳して、指示に従って書き換えましょう。

1) 在东京吃得到中国菜。　　　日訳 :（　　　　　　　　　　　　　　　　　）

　　　　　　　　　　　　　　　否定文:（　　　　　　　　　　　　　　　　　）

2) 黑板上的字我看不清楚。　　日訳 :（　　　　　　　　　　　　　　　　　）

　　　　　　　　　　　　　　　肯定文:（　　　　　　　　　　　　　　　　　）

4 “有点儿” と “一点儿”

| “有点儿”＋形容詞／動詞 | 「ちょっと、少し～」 ▶望ましくない主観的な感情が入っていることが多い。 |

今天 有点儿 冷。　　　　　　　我 有点儿 发烧。
Jīntiān yǒudiǎnr lěng.　　　　　　Wǒ yǒudiǎnr fāshāo.

| 形容詞＋“一点儿” | 「少し～」 ▶比較の意味合いをもつ客観的な表現。 |

今天 比 昨天 冷 一点儿。　　　　感冒 好 一点儿 了。
Jīntiān bǐ zuótiān lěng yìdiǎnr.　　Gǎnmào hǎo yìdiǎnr le.

新 出 語 句

机票 jīpiào 名航空券　　这么 zhème 代こんなに　　生词 shēngcí 名新出単語　　黑板 hēibǎn 名黒板
字 zì 名字　　发烧 fāshāo 動発熱する　　昨天 zuótiān 名昨日　　感冒 gǎnmào 名風邪

大山：**李莉，我 在 加班，可能 晚 一点儿 到。**
Lǐ Lì,　wǒ zài jiābān,　kěnéng wǎn yìdiǎnr dào.

李莉：**我 也 刚 到 餐厅。你 还 要 多长 时间?**
Wǒ yě gāng dào cāntīng. Nǐ hái yào duōcháng shíjiān?

大山：**快 完 了。你们 先 开始 吧。**
Kuài wán le.　Nǐmen xiān kāishǐ ba.

李莉：**好的。路上 小心!**
Hǎode.　Lùshang xiǎoxīn!

大山：**对不起，我 来晚 了。**
Duìbuqǐ,　wǒ láiwǎn le.

麦克：**大山，你 怎么 扮成 圣诞 老人 了?**
Dàshān, nǐ zěnme bànchéng Shèngdàn Lǎorén le?

大山：**我 在 超市 给 小朋友们 发 糖果，完了 就 跑 过来 了。**
Wǒ zài chāoshì gěi xiǎopéngyoumen fā tángguǒ, wánle jiù pǎo guolai le.

李莉：**我们 点了 比萨饼、炸鸡 什么的。你 还 想 吃 什么?**
Wǒmen diǎnle bǐsàbǐng、　zhájī　shénmede.　Nǐ hái xiǎng chī shénme?

大山：**我 口 渴 了，先 要 杯 可乐 吧。**
Wǒ kǒu kě le,　xiān yào bēi kělè ba.

麦克：**服务员，要 一 杯 可乐、三 杯 啤酒。**
Fúwùyuán,　yào yì　bēi kělè、　sān bēi píjiǔ.

林浩：**人 到齐 了，咱们 干杯 吧。**
Rén dàoqí le,　zánmen gān bēi ba.

大家：**圣诞节 快乐，干杯!**
Shèngdànjié kuàilè, gānbēi!

新出語句

加班 jiābān 動残業をする　　晚 wǎn 形遅い　　刚 gāng 副今しがた　　餐厅 cāntīng 名レストラン

先 xiān 副先に　　开始 kāishǐ 動始める　　路上 lùshang 名道中、路上　　小心 xiǎoxīn 動気を付ける

扮成 bànchéng 〜に扮する　　圣诞老人 Shèngdàn Lǎorén 名サンタクロース

超市 chāoshì 名スーパーマーケット　　发糖果 fā tángguǒ 飴を配る　　比萨饼 bǐsàbǐng 名ピザ

炸鸡 zhájī 名唐揚げ　　什么的 shénmede 助など、〜の類　　口渴 kǒukě 喉が渇いている　　要 yào 動要る

杯 bēi 量杯　　可乐 kělè 名コーラ　　服务员 fúwùyuán 名店員、従業員　　再 zài 副さらに

啤酒 píjiǔ 名ビール　　到齐 dàoqí 出そろう　　干杯 gānbēi 動乾杯する

圣诞节 Shèngdànjié 名クリスマス　　快乐 kuàilè 形楽しい、愉快である

🔊 141

1 リスニング ▶ 音声を聞き、会話3の内容に合えば〇、違っていれば×にしましょう。

①	②	③	④
〇　　×	〇　　×	〇　　×	〇　　×

メモ

① _____　② _____

③ _____　④ _____

2 日本語の意味に合うように、単語を並べ替えましょう。

1) 彼はまだ仕事を見つけていません。[还　工作　他　到　找　没 。]

（　　　　　　　　　　　　　　　　　　　　　　　　　　　）

2) 日本で北京ダックを食べられますか。[日本　北京　在　吃　到　得　烤鸭　吗？]

（　　　　　　　　　　　　　　　　　　　　　　　　　　　）

3) あなたはなんで来るのが遅くなったの？[你　晚　来　怎么　了？]

（　　　　　　　　　　　　　　　　　　　　　　　　　　　）

4) 宿題が多すぎるので、やり終えられない。

[完　不　了　作业　太　写　多 ，。]

（　　　　　　　　　　　　　　　　　　　　　　　　　　　）

5) この服は少し大きいので、少し小さめの一着に換えましょう。

[这　件　衣服　一点儿　有点儿　大　换　一　件　小　的　吧 ，。]

（　　　　　　　　　　　　　　　　　　　　　　　　　　　）

3 口頭発表 ▶ 取り組んでいること、進度などについて発表しましょう。　🔊 142

例 1)　我 在 学 开车，已经 学了 三个月 了。快要 拿到 驾照 了。
　　　Wǒ zài xué kāichē, yǐjīng xuéle sān ge yuè le. Kuàiyào nádào jiàzhào le.

2)　我 在 写 报告，还 没 写完，刚 写了 二百字。
　　Wǒ zài xiě bàogào, hái méi xiěwán, gāng xiěle èrbǎi zì.

新出語句

驾照 jiàzhào 名運転免許証

対応する中国語の簡体字とピンインを書きましょう。　　🔊 143

	日本語	中国語	ピンイン
1	マスターする		
2	まだ〜ない		
3	もうすぐ〜になる		
4	探す		
5	見つかる		
6	掃除する		
7	きれいだ		
8	スピード		
9	速い		
10	（速度）遅い		
11	調節する		
12	聞く		
13	理解する		
14	食材		
15	食べきれる		
16	満腹だ		
17	ボリューム		
18	はっきりしている		
19	はっきり聞こえる		
20	はっきり聞こえない		
21	音楽を聞く		
22	風邪		
23	（時間）遅い		
24	到着する		
25	出そろう		

瞬訳トレーニング

	日本語	中国語
1	最近何に取り組んでいますか。	
2	スキーを習っています。	
3	マスターしましたか。	
4	まだマスターしていない。もうすぐです。	
5	仕事を探しています。	
6	見つかりました。	
7	(部屋を)きれいに掃除しました。	
8	速度が少し速いですが、聞き取れますか。	
9	聞き取れません。	
10	(速度を)少し遅くしましょう。	
11	食材がちょっと多いですが、食べきれますか。	
12	食べきれません。	
13	料理がちょっと少ないですが、満腹になりますか。	
14	満腹になりません。	
15	ボリュームがちょっと小さすぎますが、はっきり聞こえますか。	
16	はっきり聞こえません。	
17	私は音楽を聞いています。	
18	風邪が少し良くなりました。	
19	私はすこし遅く着きます。	
20	すみません、来るのが遅くなりました。	
21	人がそろいました。	

 しゃんべんのつぶやき　　　"耽美" dānměi

中国のドラマや小説で最近流行っているのが「ブロマンス」、つまり「ブラザーロマンス」で、男たちの熱い友情を言います。友情以上恋愛未満という複雑な深い関係が多く、そのドラマからたくさんのアイドルや俳優が誕生しました。

第12课 你是在哪儿吃的？

会話1 🔊146

李莉：你吃过小笼包吗？ Nǐ chīguo xiǎolóngbāo ma?

大山：吃过。 Chīguo.

李莉：你是在哪儿吃的？ Nǐ shì zài nǎr chī de?

大山：我是在横滨中华街吃的。 Wǒ shì zài Héngbīn Zhōnghuá Jiē chī de.

絵を見て話そう 食べた場所 🔊147

① 

北京／烤鸭
Běijīng/kǎoyā

② 

上海／小笼包
Shànghǎi/xiǎolóngbāo

③ 

西安／饺子
Xī'ān / jiǎozi

④ 

香港／虾饺
Xiānggǎng/xiājiǎo

⑤ 

台湾／卤肉饭
Táiwān / lǔròufàn

⑥ 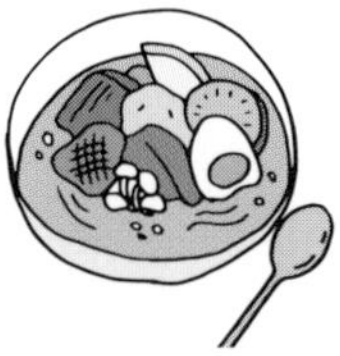

札幌／汤咖喱
Zháhuǎng / tānggālí

⑦ 

大阪／章鱼烧
Dàbǎn/zhāngyúshāo

⑧ 

冲绳／炒苦瓜
Chōngshéng / chǎo kǔguā

独話 どこで何を食べたことがあるかを言う。 🔊148

例 我在 北京 吃过 北京烤鸭 。 Wǒ zài Běijīng chīguo Běijīng kǎoyā.

対話 何を食べたことがあるか、どこで食べたかを尋ねる、答える。

例 A：你吃过 卤肉饭 吗？ Nǐ chīguo lǔròufàn ma?

B：吃过。 Chīguo.

A：你是在哪儿吃的？ Nǐ shì zài nǎr chī de?

B：我是在 台湾 吃的。 Wǒ shì zài Táiwān chī de.

新出語句 🔊145

过 guo 助 ～したことがある　横滨 Héngbīn 名 横浜　中华街 Zhōnghuá Jiē 名 中華街

会話 2　◀)) 149

林浩：昨天你去哪儿了？　　　　　　　　Zuótiān nǐ qù nǎr le?

李莉：我去看电影了。　　　　　　　　　Wǒ qù kàn diànyǐng le.

林浩：你是怎么去的？　　　　　　　　　Nǐ shì zěnme qù de?

李莉：我是坐地铁去的。　　　　　　　　Wǒ shì zuò dìtiě qù de.

絵 を見て話そう　交通手段　◀)) 150

①

昨天　看电影
zuótiān　kàn diànyǐng
坐地铁
zuò dìtiě

②

前天　听演唱会
qiántiān　tīng yǎnchànghuì
坐公交车
zuò gōngjiāochē

③

周末　泡温泉
zhōumò　pào wēnquán
坐专线大巴
zuò zhuānxiàn dàbā

④

小长假　爬山
xiǎochángjià　páshān
走路
zǒulù

⑤

寒假　看父母
hánjià　kàn fùmǔ
坐火车
zuò huǒchē

⑥

寒假　滑雪
hánjià　huáxuě
开车
kāichē

⑦

暑假　留学
shǔjià　liúxué
坐飞机
zuò fēijī

⑧

暑假　旅游
shǔjià　lǚyóu
坐游轮
zuò yóulún

独話　いつ何をしに行ったのかを言う。　◀)) 151

例　昨天 我去 看电影 了。　　　　　　　Zuótiān wǒ qù kàn diànyǐng le.

対話　会話 2 を例に、どのような手段で行ったのかを尋ねる、答える。

例　A：前天 你去哪儿了？　　　　　　　Qiántiān nǐ qù nǎr le?

　　B：我去 听演唱会 了。　　　　　　　Wǒ qù tīng yǎnchànghuì le.

　　A：你是怎么去的？　　　　　　　　　Nǐ shì zěnme qù de?

　　B：我是 坐公交车 去的。　　　　　　Wǒ shì zuò gōngjiāochē qù de.

Point 学習のポイント

1 経験を表す "过"「〜したことがある」 ◀)) 152

主語＋動詞＋"过"＋修飾語＋目的語

你 去过 北京 吗? —— 我 去过 北京。
Nǐ qùguo Běijīng ma? Wǒ qùguo Běijīng.

▶否定は "没（有）" を用いる。 —— 我 没（有）去过 北京。
Wǒ méi (yǒu) qùguo Běijīng.

你 看过 几 次 中国 电影? —— 我 看过 两 次 中国 电影。
Nǐ kànguo jǐ cì Zhōngguó diànyǐng? Wǒ kànguo liǎng cì Zhōngguó diànyǐng.

ちょいとれ ✎ 日本語の意味にあうように、（ ）に適切な語を入れましょう。

1) あなたは富士山に登ったことがありますか。 —— 私は富士山に登ったことはありません。
你 （ ） 吗? 我 （ ）。
Nǐ （ ） ma? Wǒ （ ）.

2) あなたはスキーを何回したことがありますか。 —— 私はスキーを 2 回したことがあります。
你 （ ）? 我 （ ）。
Nǐ （ ）? Wǒ （ ）.

2 "是〜的" 構文 すでに発生した事について時間、場所、方法、主体などを強調する。

"是"＋時／所／方法など＋動詞（＋目的語）＋"的" 「〜たのです」

你 是 什么 时候 来 日本 的? —— 我 是 三月 八 号 来 日本 的。
Nǐ shì shénme shíhou lái Rìběn de? Wǒ shì sān yuè bā hào lái Rìběn de.

你 是 怎么 来 学校 的? —— 我 是 坐 地铁 来 的。
Nǐ shì zěnme lái xuéxiào de? Wǒ shì zuò dìtiě lái de.

你 是 跟 谁 一起 去 看 电影 的? —— 我 是 跟 朋友 一起 去 的。
Nǐ shì gēn shéi yìqǐ qù kàn diànyǐng de? Wǒ shì gēn péngyou yìqǐ qù de.

你 的 汉语 是 在 哪儿 学 的? —— 我 的 汉语 是 在 中国 学 的。
Nǐ de Hànyǔ shì zài nǎr xué de? Wǒ de Hànyǔ shì zài Zhōngguó xué de.

这个 菜 是 你 做 的 吗? —— 这个 菜 不 是 我 做 的, 是 我 哥哥 做 的。
Zhège cài shì nǐ zuò de ma? Zhège cài bú shì wǒ zuò de, shì wǒ gēge zuò de.

新出語句

富士山 Fùshìshān 名 富士山

92

"他来日本了" について、指示に従って中国語で質問し、答えましょう。

1) いつ来たかを尋ねる。　　　　　　　——「一昨日…」と答える。

2) どこから来たかを尋ねる。　　　　　　——「香港から…」と答える。

3) 誰と来たかを尋ねる。　　　　　　　——「友達と一緒に…」と答える。

4) どうやって来たかを尋ねる。　　　　　——「飛行機で…」と答える。

5) 上の 1）～ 4）の答えを 1 文にまとめましょう。

他是（　　　　　　）（　　　　　　）（　　　　　　）（　　　　　　）来日本的。

3　金額の言い方

中国のお金の単位

書き言葉	元 yuán（1元 = 10角）	角 jiǎo（1角 = 10分）	分 fēn
話し言葉	块 kuài	毛 máo	

※日本円は "日元 Rìyuán"、米ドルは "美元 Měiyuán"

¥5.80　　五 元 八 角　　　　　　　五 块 八 （毛）
　　　　　wǔ yuán bā jiǎo　　　　　　wǔ kuài bā (máo)

¥108.00　一 百 零 八 元　　　　　　一 百 零 八 块
　　　　　yìbǎi líng bā yuán　　　　　yìbǎi líng bā kuài

苹果 多少 钱 一 斤?　　　　　—— 五 块 一 斤。
Píngguǒ duōshao qián yì jīn?　　　Wǔ kuài yì jīn.

一共 多少 钱?　　　　　　　—— 一共 一 百 零 八 块。
Yígòng duōshao qián?　　　　　Yígòng yìbǎi líng bā kuài.

新出語句

斤 jīn 量重さの単位、500g　　苹果 píngguǒ 名リンゴ　　多少钱 duōshao qián　いくらですか

店员： **欢迎 光临！ 请问 您 要 什么？**
Huānyíng guānglín! Qǐngwèn nín yào shénme?

李莉： **我 想 买 一件 小礼物。**
Wǒ xiǎng mǎi yí jiàn xiǎo lǐwù.

店员： **这个 八音盒 怎么样？**
Zhège bāyīnhé zěnmeyàng?

李莉： **真 可爱！ 多少 钱？**
Zhēn kě'ài! Duōshao qián?

店员： **八千 日元。**
Bāqiān Rìyuán.

李莉： **有点儿 贵， 可以 便宜 一点儿 吗？**
Yǒudiǎnr guì, kěyǐ piányi yìdiǎnr ma?

店员： **这个 便宜， 四千 日元。**
Zhège piányi, sìqiān Rìyuán.

李莉： **为什么？ 这 两 个 看起来 一样 啊。**
Wèishénme? Zhè liǎng ge kànqilai yíyàng a.

店员： **这个 是 匠人 手工 制作 的， 这个 是 机械 生产 的。**
Zhège shì jiàngrén shǒugōng zhìzuò de, zhège shì jīxiè shēngchǎn de.

李莉： **哦， 是 这样 啊！ 我 买 这个 便宜 的 吧。**
Ò, shì zhèyàng a! Wǒ mǎi zhège piányi de ba.

店员： **好 的。请 这边 付款。您 付 现金 还是 刷卡？**
Hǎo de. Qǐng zhèbiān fùkuǎn. Nín fù xiànjīn háishi shuākǎ?

李莉： **可以 使用 支付宝 吗？**
Kěyǐ shǐyòng Zhīfùbǎo ma?

店员： **没问题。**
Méi wèntí.

新 出 語 句

欢迎光临 huānyíng guānglín いらっしゃいませ 请问 qǐngwèn お尋ねします 八音盒 bāyīnhé 名オルゴール
看起来 kànqilai 見たところ 匠人 jiàngrén 名職人 手工制作 shǒugōng zhìzuò ハンドメイド
机械 jīxiè 名機械 生产 shēngchǎn 動生産する 哦 ò 感なるほど 这样 zhèyàng 代そういうこと
这边 zhèbiān 代こちら 付款 fùkuǎn 動代金を支払う 付 fù 動支払う 现金 xiànjīn 名現金
刷卡 shuākǎ 動カードで支払う 使用 shǐyòng 動使用する 支付宝 Zhīfùbǎo 名アリペイ

1 リスニング 質問を書きとってから会話３の内容に基づいて答えましょう。

🔊 154

1) _____? _____

2) _____? _____

3) _____? _____

4) _____? _____

5) _____? _____

6) _____? _____

2 次のピンインを漢字に直し、日本語に訳してください。

Lǐ Lì shì èr líng líng èr nián zài Shànghǎi chūshēng de.

Tā xiànzài zài Rìběn liúxué, tā lái Rìběn liǎng nián le.

Tā měitiān dōu guò de hěn kāixīn. Tā zuì hǎo de péngyou shì shéi? Nǐ zhīdào ma?

3 口頭発表 自分の経験したことについて「いつ、どのように、どうだったか」など
を話しましょう。

🔊 155

以下の項目を含む自己紹介をしてみましょう。

例 我 去过 迪士尼乐园， 我 是 去年 夏天 去 的， 我 是 跟 同学 一起 去 的。
Wǒ qùguo Díshìní lèyuán, wǒ shì qùnián xiàtiān qù de, wǒ shì gēn tóngxué yìqǐ qù de.

我们 玩儿 得 很 开心。我 想 再 去 一次。
Wǒmen wánr de hěn kāixīn. Wǒ xiǎng zài qù yí cì.

新出語句

迪士尼乐园 Díshìní lèyuán 名 ディズニーランド   去年 qùnián 名 去年   夏天 xiàtián 名 夏

補 充 練 習

対応する中国語の簡体字とピンインを書きましょう。　🔊 156

	日本語	中国語	ピンイン
1	～したことがある		
2	横浜		
3	中華街		
4	富士山		
5	登る		
6	いつ来る		
7	誰と来る		
8	どこから来る		
9	どうやって来る		
10	お尋ねします		
11	要る		
12	（値段）いくらですか		
13	元		
14	円		
15	全部で		
16	高い（値段）		
17	安い		
18	見たところ		
19	同じだ		
20	職人		
21	ハンドメイド		
22	支払う		
23	現金で支払う		
24	カードで支払う		
25	使う		
26	アリペイ		
27	問題ない		

瞬訳トレーニング

	日本語	中国語
1	あなたはショーロンポーを食べたことがありますか。	
2	食べたことがあります。	
3	どこで食べたのですか。	
4	横浜中華街で食べたのです。	
5	私は富士山に登ったことがありません。	
6	彼はいつ来たのですか。	
7	彼はどこから来たのですか。	
8	彼は誰と来たのですか。	
9	彼はどうやって来たのですか。	
10	お尋ねします、何がお入り用ですか。	
11	可愛い！おいくらですか。	
12	100元です。	
13	全部で2000円です。	
14	この二つは見たところ同じです。	
15	すこし高い、ちょっと安くしてくれませんか。	
16	これは職人の手作りです。	
17	どうぞ支払いはこちらです。	
18	支払いは現金ですか。それともカードですか。	
19	アリペイを使えますか。	
20	問題ないです。	

 しゃんべんのつぶやき　　　"情人节" Qíngrén jié

バレンタインデーに思い人へチョコを渡すのが日本式。ただこれはお菓子会社の陰謀という噂も。中国ではもっぱら男性が女性へ花束やプレゼントを渡す日となっていて、当日には巨大な花束や巨大なぬいぐるみを抱えた男性たちが街を闊歩します。

語句索引

著者

山本範子　北星学園大学教授

邢　玉芝　北星学園大学非常勤講師

森若裕子　北星学園大学非常勤講師

本文デザイン　メディアアート

音声吹込み　毛興華　劉セイラ

インタラクティブで中国語

検印省略	© 2024 年 3 月 31 日　初版発行

著　者	山本範子 邢　玉芝 森若裕子
発行者	小 川 洋 一 郎
発行所	株式会社 朝 日 出 版 社

〒 101-0065　東京都千代田区西神田 3 - 3 - 5
電話 (03) 3239-0271・72 (直通)
振替口座　東京　00140-2-46008
http://www.asahipress.com/
倉敷印刷